쇠퇴하는 아저씨 사회의 처방전

REKKASURU OSSAN SHAKAI NO SHOHŌSEN
NAZE ICHIRYŪ WA SANRYŪ NI GYŪJIRARERUNOKA

© Shu Yamaguchi, 2018
All rights reserved.
Original Japanese edition published by Kobunsha Co., Ltd.
Korean translation rights arranged with Kobunsha Co., Ltd.
through EntersKorea Co., Ltd., Seoul.

쇠퇴하는 아저씨 사회의 처방전

너무 빨리 아저씨가 되어 버린
사람들을 위하여

야마구치 슈 지음 | 이연희 옮김

한스미디어

'아저씨'란 누구인가

　본론에 들어가기에 앞서 이 책에서 다루는 '아저씨'의 개념을 명확하게 정의하고 싶다. 사전적 의미로는 성인 남성을, 일반적으로는 중년 남성을 가리키는 일반명사지만 그들을 모두 '아저씨'라고 통칭하기엔 무리가 있다.

　즉, 이 책에서 사용하는 '아저씨'라는 단어는 단순히 연령과 성별이란 인구 동태적인 요소에서 규정하는 사람들의 무리가 아니라 일종의 행동 양식과 사고방식을 가진 특정 인물상으로 정의한다. 그 '특정 인물상*'은 다음과 같다.

●　이 인물상의 정의는 NewsPicks의 기사 〈잘 가요, 아저씨 사회〉를 바탕으로 필자가 가필, 수정하였다.

1. 오래된 가치관에 빠져 새로운 가치관을 거부한다.
2. 과거의 성공에 집착하고 기득권의 이득을 놓지 않으려 한다.
3. 계층 서열에 대한 의식이 강해 높은 사람에게 아첨하고 아랫사람을 우습게 여긴다.
4. 낯선 사람과 이질적인 것에 배타적이다.

나이나 성별로는 아저씨라 하더라도 위 인물상에 맞지 않는 사람이 있을 것이다. 반대로 이른바 아저씨에 해당하지 않는 사람일지라도 이미 '아저씨'가 된 사람도 얼마든지 발견할 수 있다.

이 책이 고찰하는 대상은 어디까지나 안하무인으로 행동하면서 스스로를 되돌아보지 않는 사람들이므로 무조건 '중년 남성은 아저씨'가 적용되는 것은 아님을 여기에 밝혀둔다.

청춘이란 인생의 특정 시기를 말하는 것이 아니라 마음의 상태를 말한다.

뛰어난 창조력, 강한 의지, 불타는 열정, 두려움을 물리치는 용기, 안이함을 뿌리치는 모험심, 이것을 청춘이라 부른다.

나이를 먹는 것만으로 인간은 늙지 않는다. 이상을 잃었을 때 비로소 사람은 늙는다.

– 사무엘 울만Samuel Ullman, 〈청춘〉

Contents

제8장 인생의 2단계에서 겪는 도전과 실패의 중요성

제1장

아저씨는 왜 쇠퇴했는가
– 사라진 '달콤한 이야기'

요즘 아저씨는
어떻게 된 것인가

"요즘 애들은 버릇이 없어"라는 한탄은 고대부터 이어져 왔다. 이집트 유적에 비슷한 내용의 낙서가 조각되어 있다는 이야기는 나도 읽은 적이 있을 만큼 유명하다. 만약 고대부터 계속해서 '요즘 애들의 쇠퇴'가 이루어졌다고 한다면 현재 젊은이들의 수준은 비참할 정도로 낮을 것이다. 하지만 실상은 그렇지 않다. 아마도 어느 시대에나 존재하는 그 사회의 아저씨들 눈에는 젊은이들이 마냥 불성실하고 어리숙하게 보이는가 보다.

그런데 최근 일본에서는 "요즘 아저씨들은 왜 이러는 거야!"라는 한탄이 여기저기에서 흘러나오고 있다. 50세가 넘은 이른바 '나이깨나 먹은 아저씨'에 의한 불상사가 끊이지 않기 때문이다. 말하다 보면 끝이 없으므로 1년 안에 일어난 사건 중 망가진 아저씨를 상징적으로 보여 주는 사례만 몇 가지 확인해 보자.

- 일본 대학 미식축구부 감독의 폭행 지시와 사건 발각 후 도주
- 재무부 사무차관과 고마에시 시장 등 고위 임원의 성희롱
- 고베시와 요코하마시 교육위원회의 교내 폭력 조사 결과 은폐
- 재무부의 모리토모·가케 학원 문제에 대한 정보 변조 은폐
- 대기업의 거듭된 위장·분식·변조
- 일본 복싱 연맹 회장의 보조금 남용과 폭력 조직 연계

이 외에도 아저씨의 쇠퇴를 드러내는 사건은 너무 많다. 역이나 공항, 병원 같은 공공장소에서 사소한 일에 격앙되어 소란을 피우는 아저씨에 대한 뉴스는 각종 미디어를 통해 심심치 않게 접할 정도이다.

일본민영철도협회가 발표한 '2015년도에 발생한 역무원, 승무원에 대한 폭력행위 조사 결과'에 따르면 가해자의 연

령대는 60대 이상이 188건(23.8%)으로 가장 많으며 50대도 153건(19.3%)이나 된다. 일반적으로 감정 컨트롤을 잘 하지 못한다고 생각하기 쉬운 젊은 층, 즉 20대 이하의 수치는 127건(16.0%)에 불과하며 심지어 모든 연령대에서 가장 적다(2016, 2017년 결과에서도 60대 이상이 가장 많은 비중을 차지하는 경향은 변함없다).

상식을 지키고 매너의 모범을 보여야 할 중년층이 사소한 문제로 폭력을 행사한다는 것은 그들이 인간적으로 성숙된 상태가 아님을 여실히 보여 준다. 이와 비슷한 경향은 다른 교통기관과 공공기관에서도 볼 수 있다. 조금 오래된 기사지만 일본경제신문에서 보도한 기사를 발췌해 보았다.

"한 자리 정도는 여유가 있을 거 아니야! 왜 탑승이 안 되냐고!" 올해 3월 하네다 공항 국제선 터미널에서 성난 목소리가 울려 퍼졌다. 항공 회사 카운터에서 중년 남성이 격분한 나머지 카운터의 벽을 걷어차 부숴 버렸다. 이 남성은 예정보다 빨리 공항에 도착해 출발 시간이 빠른 비행기편으로 바꿔 달라고 요구했지만 공교롭게도 만석이라 변경이 불가능했다. 그러자 "죄송하지만 빈 좌석이 없습니다"라고 양해를 구하는 직원에게 성질을 부리는 만행을 저질렀다. 결국 이 남성은 10만 엔 정도의 수리비를 지불해야 하는 처지가 되었다.

일본항공 고객 서비스 센터에 따르면, 기내에서 민폐 행동을 하는 가해자의 비율도 압도적으로 중년 남성이 많다고 한다. 2004년 개정된 항공법에 따르면 민폐 행위를 한 악질 승객에게는 징역 또는 벌금형을 내릴 수 있다. 소란이 많이 발생하는 경우는 화장실 흡연과 기내에서의 휴대전화 사용. 대부분의 승객은 승무원이 주의를 주면 순순히 그에 응하지만 오히려 시끄럽다며 화내는 승객도 있다.

병원에서도 중년 남성에 의한 사건이 증가하고 있다. 유방암이 의심되어 입원한 환자의 남편(50대)은 '지시에 따라 입원을 했지만 아내가 낫지 않는다'라며 담당 의사와 간호사에게 분노를 표출했다. 의사가 건강 상태에 대해 설명을 해도 듣지 않고 더욱 화를 내며 2시간 이상이나 의사와 간호사를 감금하고 큰 소리로 고함을 치는 등 상식에서 벗어난 행동을 했다.

_ 일본경제신문, 2011. 11. 30

춘추시대에 활약한 중국의 사상가 공자는《논어》에서 자

신의 인생을 되돌아보며 "쉰에는 하늘의 뜻을 깨우치고, 예순에는 귀가 순해진다"라고 기록을 남겼다.

이는 50대에는 자신이 수행해야 할 사회적 사명을 인식하고 60대에는 어떤 말이든 객관적으로 듣고 이해할 수 있다는 의미이다. 하지만 현대로 눈을 돌려 보면 우리 사회의 50대, 60대 '꼰대'들은 사회적 사명을 인식하기는커녕 마치 유아처럼 사소한 일에 이성을 잃고 성질을 부리고 있다.

언제쯤 인간적으로 성숙해질까?

몰락해가는 민족이 가장 먼저 잃는 것은 절도이다.

– 아달베르트 슈티프터Adalbert Stifter, 《얼음 절벽》

아저씨는
왜 망가졌나

아저씨는 왜 이렇게까지 망가져 버린 것일까? 세대론은 실증적 검증이 어려워 결국에는 '그렇게 생각한다' 혹은 '그렇게 생각하지 않는다' 같은 탁상공론이 되는 경우가 많다. 그래서 개인적으로 좋아하지 않는 이론이긴 하나 예전부터 신경이 쓰이는 딱 한 가지가 있다. 그것은 바로 현재의 50대, 60대 아저씨는 '달콤한 이야기', 즉 좋은 학교를 졸업하고 대기업에 취직하면 평생 부유하고 행복하게 살 수 있다는 믿음을 상실하기 이전에 사회 적응을 마친 '최후의 세대'라는 점이다.

22~23쪽의 표1을 보자. 가로축에는 전후부터 현대까지의 연도를, 세로축에는 60대에서 20대까지의 세대를 표기했으며 각 세대의 사람들이 연도에 따라 어떤 사회적 입장에 놓여 있었는지를 정리했다. 물론 기업이나 개인의 상황은 천차만별이기 때문에 어디까지나 전체적인 경향이라는 관점에서 이해하길 바란다.

우선, 표에서 회색으로 강조된 세대를 살펴보자. 주목할 점은 전후 부흥과 고도의 경제 성장을 지탱했던 그들은 '달콤한 이야기'를 바탕으로 커리어의 계단에 올랐고, 그 이야기의 종언과 함께 사회라는 무대에서 뒤로 물러났다. 한 마디로 달콤한 이야기 속에서만 사회생활을 하고 퇴장한 것이다. 지금도 관련도서가 많이 출판되고 있는 다나카 가쿠에이, 모리타 아키오, 혼다 소이치로와 같은 쇼와시대(1926~1989년)의 리더 대부분이 이 셀에 포함되어 있다는 점은 중요한 무언가를 시사한다.

한편, 현재의 쇠퇴한 아저씨는 어떠할까? 현재 50대인 사람은 1980년대에, 60대인 사람은 1970년대에 사회생활을 시작해 버블의 상승 경기가 한창인 80년대에 20, 30대를 거쳤다. 호황기가 멈출 줄 몰랐던 80년대, 즉 달콤한 이야기가

표1 세대별 사람들이 연도에 따라 어떤 사회적 입장에서 시간을 보냈나

년대	1950년대	1960년대	1970년대
이야기	달콤한 이야기=항상 경제가 상향하는 시대		
지적수준	교양 세대		
시대	전후 혼란기, 불타버린 들판에서 다시 일어섬 (부흥)	고도 경제 성장기, 국제화 추진	고도 경제 성장의 둔화, 오일 쇼크
60세	대부분 추방당해, 사회적인 존재를 거부당함 (마쓰시타 고노스케)	일부는 정치와 조직의 리더로서 군림, 대부분은 은퇴	행정과 조직의 리더로서 오일 쇼크, 국제화에 대응
50세	부흥, 기업을 주도적인 입장에서 지휘(시라스 지로)	고도 경제 성장을 리더로서 견인	리더로서 경제 성장의 둔화와 오일 쇼크에 대응
40세	부흥을 주도적인 입장에서 지휘(혼다 소이치로, 다테이시 가즈마)	고도 경제 성장을 주도	리더의 오른팔로서 오일 쇼크에 대응
30세	부흥을 주도하는 리더를 보좌하며 오른팔로서 활약(모리타 아키오, 나카우치 이사오, 다나카 가쿠에이)	현장의 핵심 인력으로 고도 경제 성장을 경험	현장의 핵심 인력으로 오일 쇼크를 경험
20세	부흥을 현장에서 지원(이나모리 가즈오, 에조에 히로마사)	고도 경제 성장을 현장 바닥에서 받침	현장에서 오일 쇼크를 경험

아직 건재하다고 생각한 최후의 시대를 보낸 것이다.

고도의 경제 성장 시기를 지탱했던 일류 리더들이 20, 30대를 전후 부흥과 호황기 속에서 보낸 것에 비해 현재의 아저씨들은 같은 연대를 버블 경기의 달콤한 속삭임, 즉 사회가 제시

1980년대	1990년대	2000년대	2010년대
	새로운 이야기=항상 경제가 하향하는 시대		
지적 진공세대	실학 세대		
플라자합의(Plaza Accord), 버블 경기 도래	버블 붕괴, 대기업의 잇따른 파탄	디지털 혁명, 글로벌 자본주의 진행	신흥국 대두, 디지털 혁명의 강력한 진전
행정과 조직이 앞장서서 버블 유인	행정과 조직이 앞장서서 버블 뒤처리에 분주	행정과 조직이 앞장서서 디지털화, 글로벌화에 대응	행정과 조직이 앞장서서 디지털화, 글로벌화에 대응
버블 경제하에 조직을 선도, 버블 과열을 초래	조직 리더로서 버블 뒤처리에 분주	리더로서 글로벌화, 디지털 혁명에 대응	리더로서 글로벌화, 디지털 혁명에 대응
버블 시대를 초급 관리직일 때 경험	버블 뒤처리를 하는 리더의 오른팔로서 활약	리더의 오른팔로서 글로벌화, 디지털 혁명에 대응	리더의 오른팔로서 글로벌화, 디지털 혁명에 대응
버블 시대를 현장의 핵심 인력으로 경험	현장의 핵심 인력으로서 버블 뒤처리를 경험	현장의 핵심 인력으로서 글로벌화, 디지털 혁명에 대응	현장의 핵심 인력으로서 글로벌화, 디지털 혁명에 대응
버블 시대를 젊은 사원일 때 경험	취직 빙하기에 입사	20대로서 디지털 혁명을 경험	20대로서 디지털 혁명을 경험

하는 시스템에 올라서기만 하면 풍요롭고 행복한 인생을 보낼수 있다는 환상 속에서 시간을 보냈다. 바로 이 점이 그들의 인격 형성에 결정적인 영향을 미쳤다고 생각한다.

20대에 쌓은
경험의 중요성

20대의 경험과 사고가 인생에 어떤 영향을 미치는지에 대한 연구는 많지만 여기에서는 최근에 크게 주목받고 있는 임상심리학자 맥 제이Meg Jay의 주장을 살펴보겠다.

맥 제이는 그의 저서 《제대로 살아야 하는 이유》(생각연구소, 2013)나 TED 강연에서 20대를 'Defining Decade' 즉, '인생을 결정하는 10년'이라 지칭하고 있다.

대학 졸업 이후는 커리어를 형성하는 지식과 네트워크를 구축하고 사고방식을 재건하는 등 말하자면 '인생을 살아가기 위한 OS를 만드는 시기'라는 것이 맥 제이 주장의 핵심이다.

이 귀중한 20대를 버블 경기 속에서 '회사 말대로만 하면 부자가 돼서 별장 정도는 가질 수 있어'라는 마음으로 보낸 지금의 중년은 불행하다고 말할 수밖에 없다.

현재 여러 곳에서 쇠퇴한 아저씨에 대한 논의가 이루어지고 있는데 대부분은 개인에게서 원인을 찾고 있다. 하지만 '달콤한 이야기'가 사회에 만연해 있을 때 사회나 인생을 대하는 기본 태도, 즉 인격의 OS를 확립한 그들이 지금은 사회로부터 그 생각이 허무맹랑하다고 취급받는 세대라는 것을 생각해 보자. 그들이 사회에 '약속이 다르다'라고 원한을 품었다고 해도 전혀 이상하지 않다.

아직 늦지 않았을 때 아무도 너의 어깨를 잡아주지 않았다. 이제 당신의 형태를 만든 점토는 말라 굳어버렸다. 앞으로 어느 누구라도 처음에는 당신에게 깃들어있었을 지도 모르는 잠자는 음악가, 시인 또는 문학가를 눈뜨게 할 수 없을 것이다.

– 생텍쥐페리Saint Exupery,《인간의 대지》

교양 세대와 실학 세대의
사이에서

    덧붙여 지적하고 싶은 것은 2018년 시점에서 50, 60대가 되는 아저씨들은 70년대에 멸종한 '교양 세대'와 90년대 이후에 발흥한 '실학 세대'의 틈새에서 발생한 '지적 진공 세대'로서 젊은 시절을 보냈다는 점이다.

    다소 낯선 단어인 '교양 세대'를 알기 쉽게 표현하자면 교양을 습득하는 일에 가치를 두는 세대라고나 할까. 사회학자 다케우치 요우竹内洋는 저서 《교양주의의 몰락》의 표지 날개에 다음과 같이 적었다.

1970년 전후까지 교양주의는 캠퍼스의 규범적인 문화였다. 그것이 그대로 사회인이 된 다음까지 이어져, 상식으로써 골고루 영향을 미쳤다. 인격 형성과 사회 개량을 돕는 독서에 의한 교양주의는 왜 학생들을 매료시켰을까?

– 다케우치 요우, 《교양주의의 몰락》

필자는 1970년에 태어났기 때문에 이 시기에 어떤 분위기가 대학 캠퍼스를 지배했는지는 잘 모르지만 위의 책에 실려 있는 교토대학에서의 조사를 발췌하면 다음과 같은 모습이었던 듯하다.

교양서를 한 달에 평균 몇 권이나 읽었는지에 대해 앙케트를 실시했다. 교양서라는 단어가 그대로 질문에 사용되었다는 것 자체가 교양주의의 존재를 직접적으로 보여 준다. 조사 결과에 따르면 10일에 한 권은 교양서를 읽는다는 것을 알 수 있다. 거의 읽지 않는다고 대답한 사람은 1.8%밖에 되지 않았다.

– 위의 책

대부분의 학생이 교양서를 일상적으로 읽고 있다는 사실

은 오늘날의 상황에서는 상상할 수 없다. 하지만 그 이후로 교양의 가치는 급속도로 떨어지고 70년대 중반부터 80년대를 거치며 학생들은 점점 바보가 되어갔다. 그 현상을 상징적으로 나타내는 말로써 당시 언론에서 활발하게 현실을 풍자하며 사용된 것이 '대학의 유원지화'라는 표현이다.

'대학의 유원지화'가 대학의 상황을 나타내는 의미로 처음 사용된 것은 1985년의 아사히 신문 기사였다. 1986년 간행된 《현대 용어 기초 지식》에서는 '유원지'의 항목에 처음으로 '①오락과 놀이의 시설이 있는 곳 외에 ②학생이 놀면서 다니는 오늘의 대학'이라는 설명이 기재되었다.

여기에 이르러 교양 세대는 전멸했으며 90년대 이후 실학 세대의 여명에 이르기까지의 10년 동안 지식의 진공 상태가 계속되었다.

교양 세대에 대치되는 실학 세대란, 실학의 습득에 가치를 두는 세대를 말한다. 알기 쉽게 말하자면, 경영학과 회계학처럼 빠르게 연 수입을 올려 주는 학문을 중시하는 세대이다.

오늘날 일본 최대 규모의 경영대학원인 글로비스 매니지먼트 스쿨GMS이 설립된 것이 92년이며 이후 대학을 비롯한 교육 기관에서 실학을 중시하는 방향으로 급속도로 이동했다.

이런 가치관이 학생들을 지배하게 된 이유는 쉽게 짐작할 수 있다. 적당한 대학을 나와 적당한 회사에 입사해서 적당히 노력하면 돈을 벌어 행복해질 수 있다는 쇼와 시대의 '달콤한 이야기'가 사라지고 글로벌 자본주의란 '새로운 이야기'가 사회를 지배했기 때문이다.

모든 나라의 모든 산업이 세계 속 경쟁 상대와 싸워 지극히 일부의 강자만 살아남고 나머지는 모두 패자가 되어 사회의 저변에 침몰해간다는 가혹한 이야기이다.

나는 이 이야기 자체를 그다지 신뢰하지 않지만 당시 은행을 필두로 망할 리 없다고 생각했던 많은 대기업들이 연이어 파탄나면서 달콤한 이야기 안에서 안온하게 살아오던 중년이 망연자실하는 모습을 많이 보았다. 그래서 새로운 이야기가 강렬한 트라우마로 각인되었을 것이라고 쉽게 예측할 수 있다.

교양 세대가 퇴장한
이후의 세계

이와 같은 세대의 이행, 즉 '교양 세대→지적 진공 세대→실학 세대'를 사회 시스템에 대한 반항과 적응이라는 관점에서 고찰해 보자.

일반적으로 교양 엘리트 문화는 사회 시스템을 유지하고 이끌어 나가기 위해 만들어졌거나 그 대항축이 되는 저항의 과정에서 만들어졌거나 둘 중 하나이다. 전자의 전형적인 예는 영국의 공립학교 및 옥스퍼드, 캠브리지 같은 일류 대학이다. 이곳에서는 중산층 이상의 자녀들이 모여 전통적인 귀족 문화와 신사도 정신을 재생산하며 연면히 지켜오고 있다.

한편 일본의 경우에는 오히려 반대였다. 일본의 교양주의는 경제 성장 이후 점점 더 큰 힘을 행사하려는 대기업과 정부(=자민당)에 대항하는 운동으로써 영향력을 발휘했다. 즉, 1950년대에서 70년대까지의 교양 세대는 달콤한 이야기를 향한 대항이라는 측면이 강했다.

그런데 이 달콤한 이야기는 70년대 후반에 이르러 점점 비대해져 그 이야기를 믿고 따른 사람들에게 엄청난 경제적 편익을 가져다주게 된다. 이때부터 달콤한 이야기에 비판적인 자세를 취하고 있던 교양주의에서 사람들이 멀어지기 시작했다.

당연한 일이다. 교양주의자들이 오기로 금욕적인 지적 수양과 사색을 계속하고 있을 때 달콤한 이야기에 노골적으로 몸을 실은 사람들은 꾸준히 큰돈을 벌었으니까. 이 시기에 교양주의가 급속도로 사라진 것은 매우 자연스러운 흐름이었다.

《구조와 힘》이
베스트셀러가 된 이유

　포스트 구조주의에 대한 책인 아사다 아키라의 《구조와 힘》*이 출간된 것은 1983년이다. 이 책이 베스트셀러가 되면서 80년대에도 교양주의가 유행하지 않았는가 생각하는 사람도 있을지 모른다. 하지만 전혀 반대이다. 이 책이 베스트셀러가 되었다는 사실 자체가 교양주의의 종언을 나타내는 것이다.

● 아사다 아키라가 26세인 1983년에 집필한 책으로 난해한 내용임에도 불구하고 베스트셀러가 되었다. 이듬해 장난기와 조롱을 섞어 도발적으로 해방의 철학을 설파한 《도주론》 역시 베스트셀러가 되면서 '아사다 아키라 현상'이라고 불리는 '뉴 아카데미즘 붐'이 일었다.

읽어 보면 알 수 있지만《구조와 힘》은 한마디로 교양주의의 사망 선고서이다. '퇴색'이라는 단어가 자주 등장하는 이유이다.

철학이나 사상은 쉽게 말해 '시스템을 비판적으로 생각하는 기술'이다. 그런데 현 시스템은 그것에 의존하는 사람들에게 엄청난 편익과 행복을 보증하고 있다. 그렇기 때문에 저자는 교양주의, 철학, 사상이 더 이상 살아남을 수 없다는 사실을 뼈아프게 깨닫고 교양주의가 퇴색하고 있다는 사실을 전할 수밖에 없음을 토로한다. 교양주의가 현실적인 효력을 발휘하는 무기로써 힘을 잃었기 때문에 사람도 가축도 벨 수 없는 장식 칼 같은 장난감에 불과하다고 평한 것이다.

달콤한 이야기에 대한 반항에서
달콤한 이야기에 대한 적응으로

이처럼 생각해 보면 교양 세대에 이은 지적 진공 세대는 공리와 편익을 보증하는 시스템에 비판 없이 자기를 동화시킴으로써 시스템이 가져다주는 편익을 최대한 챙기려고 한 사람들이라고 말할 수 있다.

결과적으로 이와 같은 행동이 버블 경기를 부추겼으며 또한 거기에 의지한 사람들의 지적 능력을 크게 저하시켰다. 물론 그들을 쉽게 비판할 수는 없다. 앞서 말했듯, 주위 사람들이 시스템에 적응하여 점점 부자가 되는 모습을 보면, 어느 누구라도 '지적 수양은 어떤 돈벌이보다 중요한 일이다'라고 말할 수만은 없기 때문이다.

현 시스템은 비판적 사고의 대상에서 벗어나 누구든지 이 체제에 편승하면 이익을 누릴 수 있도록 해주는 방향으로 달라진 것이다. 이를 정리하면 **교양 세대에서 지적 진공 세대로의 이행은 '달콤한 이야기에 대한 반항'에서 '달콤한 이야기에 대한 적응'의 과정이었다고 정리할 수 있다.**

그 이후는 모두가 알다시피, 버블 경기의 붕괴로 달콤한 이야기는 막을 내리고 글로벌 자본주의에서의 약육강식 세계라는 새로운 이야기가 시작되었다.

이 새로운 이야기가 제시하는 시스템에 적응하려는 사람들이 실학 세대이다. 이 세대는 경영학적 지식과 영어, 프레젠테이션 스킬을 가장 중요한 능력으로 여긴다. 가장 효율적으로 연 수입을 올려야 하는 게임에서, 이른바 경제평론가이자 공인회계사였던 가츠마 가즈요를 동경하는 부류의 순진한 사람들이 대거 참가했다.

지적 진공 세대 상사와
실학 세대 부하 직원

　현재 사회를 살펴보면 60년대에 학창 시절을 보낸 **교양 세대는 이미 대부분 은퇴하였고, 사회 시스템의 상층부에는 지적 진공 세대가 요직을 독점하고 있으며 그 아래를 실학 세대가 꾸리고 있는** 실정이다. 다시 말해 오래된 이야기에 적응한 사람이 새로운 이야기를 전제로 한 사회의 상층부에서 지시를 하고, 새로운 이야기에 적응한 사람이 실행자로서 중층에서 하층으로 지시 사항을 전달하며 집행하는 **왜곡된 구조**로 이뤄져 있다는 것이다.

　여기에서 곤란한 문제가 발생한다. 시스템은 반드시 시간이 지나면서 쇠퇴(다음 장에서 설명)하기 때문에 어떤 시스템이든 그것을 비판적으로 고찰하여 개선하고 수정하는 것에 주도적인 사람이 필요하다. 하지만 현재는 이와 같은 교양과 사고방식을 가진 인재가 거의 없는 상황이다.

예술·과학·기술의
균형

이 상황을 다른 각도에서 바라보면 '예술에도 과학에도 취약한 아저씨'라는 문제가 떠오른다. 필자는《세계의 리더들은 왜 직감을 단련하는가》(북클라우드, 2018)를 통해 경영에서도 예술, 과학, 기술의 균형이 중요하다고 지적한 바 있다.

읽지 않은 독자를 위해 헨리 민츠버그Henry Mintzberg의 말을 다시 인용하여 설명하자면, 경영이란 예술과 과학 그리고 기술 이 세 가지가 삼위일체된 것이다. 예술은 이해관계자를 두근거리게 하는 비전을 창출하고 조직의 창조성을 뒷받침한다. 과학은 체계적인 분석과 평가를 통해 예술이 만들어 낸 비전과 직감에 현실적인 증명을 부여한다. 그리고 기술은 땅에 발을 붙이고 있는 경험과 지식을 바탕으로 예술이 창조한 비전과 과학이 증명한 계획을 현실화한다.

즉, 이 세 가지가 삼위일체를 이루어야 비로소 좋은 경영을 실현할 수 있다. 그러나 90년대 이후 경영은 MBA 교육의 폐단으로 과학에 치우친 나머지 혁신의 정체, 규정 위반의 횡행 같은 문제를 불러왔다.

이런 틀을 사용하여 앞서 말한 '교양 세대 → 지적 진공 세대 → 실학 세대'라는 추이를 고찰해 보면 교양이 예술, 실학은 과학에 대응한다는 것을 알 수 있다. 교양을 영어로 직역하면 liberal arts인데, 여기서 말하는 art는 이른바 기술 이상의 것이므로 교양은 사람이 자유롭게 사고할 수 있는 학문을 포함하는 것이다.

예술에도 과학에도
취약한 아저씨

　사실 이전 책의 출간 이후 여러 가지 비판을 받고 있는데 그 중에서 가장 뜨끔했던 것은 "일본 기업이 예술성에서 취약한 것은 인정한다. 그러나 과학의 측면도 약하지 않은가?"라는 지적이었다.

　이 점은 필자도 신경이 쓰였다. 과학 중시에서 예술 중시로 선회한 미국과 유럽의 선진 기업과 아직도 과학 중시에 빠져 제자리걸음을 하고 있는 일본 기업과의 대비를 선명하게 하기 위해 거의 확신범인 것처럼 몰아세웠다고 자책하고 있다.

　지적대로 과학에도 일정한 능력이 있지만 차별화를 위해

예술에서 활로를 찾고 있는 미국, 유럽의 기업과 아직 과학조차 잘 사용하지 못하는 일본 기업을 동일선상에 놓고 비교한 것은 오해를 살 만한 여지가 있다.

즉, 이 비판의 내용은 '예술이 중요한 것은 이해하지만 과학조차 제대로 사용하지 못하는 상황에서 예술에 치우치는 것은 과연 괜찮은가?' 하는 것이며 그 지적은 당연하다고 생각한다.

사회나 조직에서 예술 담당자는 교양을 몸에 익힌 '지적 자유인'이어야 하는데, 교양 세대는 이미 회사의 무대 뒤로 은퇴를 해버렸다. 한편, 과학의 담당자인 실학 세대는 90년대 이후에 사회인이 되었기 때문에 아직까지 사회나 조직에서 권력을 쥐지 못한다. 그 결과 예술에도 과학에도 취약한 아저씨들이 사회나 회사의 상층부에서 실권을 장악하고 있는 것이 현재 상황이다.

세대론으로는 위의 전개가 이해되지만 현재의 아저씨 중에도 교양인이 있을 것이고 인선과 등용으로 얼마든지 만회할 수 있지 않은가 하는 반론도 있을 것이다.

다음 장에서는 이 문제에 대해 생각해 보자.

제2장

쇠퇴는
필연이다

리더의 쇠퇴는
피할 수 없는 운명이다

지금까지 왜 50, 60대의 아저씨들이 이렇게 쇠퇴했는가에 대해 주로 세대론이나 연대론을 결합하여 고찰했다.

물론 '비록 전체적으로 쇠퇴한 세대일지라도 그 가운데 우수한 사람은 있을 것이며 인선이나 등용으로 탁월한 능력을 가진 리더를 선발하면 문제가 없지 않나' 하는 반론을 제기할 수도 있다. 분명히 맞는 말이지만 그것은 처음 조직을 만들 경우에만 성립되는 이야기이며 오랫동안 계속 이어져 온 조직일수록 더욱 어렵다는 것이 필자의 생각이다. 왜냐하면 조직의 리더는 구조적으로, 운명적으로 시간이 경과하면 쇠퇴하기 때문이다.

이류의 사람은 자신의 위치를 제대로 파악하고 있으며 누가 일류인지도 잘 알고 있다. 일류들은 원래 사람을 평가하거나 혹은 사람을 밀어내는 권력에 그다지 흥미가 없기 때문에 자신과 타인이 어디에 속하는지 생각하지 않는다.

삼류 사람들은 종종 주위에 있는 이류가 일류이고, 자신은 이류라 착각하는 경우가 많다. '내가 지금은 이류지만 노력하면 언젠가 저렇게 될 수 있다'라는 생각으로 이류의 비위를 맞추며 주변을 얼쩡거린다. 진짜 일류에 대해서는 자신의 척도로는 측정할 수 없는, 알 수 없는 사람이라고 생각한다. 이 구조를 인원수의 비율로 생각해 보면 일류는 이류보다 적고, 이류는 삼류보다 압도적으로 적다.

인사 평가에서는 능력과 성과가 정규 분포한다는 전제가 기본적으로 깔려 있다. 양적으로도 중심이 되는 이류가 가장 많을 것이라 생각하지만 실제로는 능력도 성과도 정규 분포가 아니라 파레토 분포를 띄기 때문에 삼류가 숫자상으로 압도적인 다수파가 된다(다음 페이지의 표2).

따라서 '숫자'가 힘을 상징하는 현대 시장과 조직에서는 다수의 삼류가 지지하는 이류가 초반에 큰 권력을 얻는다.

구조적으로 당연한 결과이다.

이것은 비단 조직의 세계에만 한정된 이야기가 아니다. 서적, 음악, 텔레비전 프로그램에서도 마찬가지로 어쨌든 '수의 승부'에서 이기고자 한다면 반드시 삼류를 포섭해야 한다.

표2 정규 분포와 파레토 분포

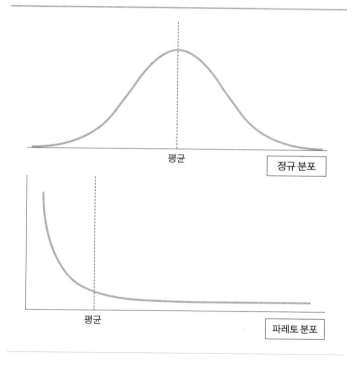

평균

정규 분포

평균

파레토 분포

자본주의가 엄청난 노력과 자원을 사용하면서 지금까지 척박한 문화밖에 낳지 못한 결정적 이유는 바로 여기에 있다.

숫자를 주요 활동별 핵심 성과 지표(KPI, Key Performance Indicator)로 삼는 시스템은 구조적으로 쇠퇴 매커니즘을 내포할 수밖에 없다.

이류 권력자가
일류를 말살한다

이류는 자신의 실제 위치와 누가 진정한 일류인지 알고 있기 때문에 지위가 올라갈수록 자신의 허상이 벗겨질까 봐 두려워한다. 그렇기 때문에 이류들이 권력을 손에 넣으면 주변에 있는 중요 인물을 말살하려고 한다.

예수를 죽이려고 한 헤롯과 바리새인의 성직자, 조르다노 브루노를 화형에 처한 심문관, 트로츠키에게 자객을 보내 암살한 스탈린은 모두 실상이 탄로 날까 두려워 일류를 죽인 이류 권력자들이다.

이류에 의해 일류가 말살되면 다음 세대에 큰 화근이 남는다. 이류들이 중요한 인물을 말살하고 조직의 리더로서 권력을 굳건히 하면 그 사람에게 아첨을 하며 권력의 덕을 보려는 삼류들이 모여든다. 이류들은 일류를 두려워하므로 일류를 측근으로 두지 않고 자신보다 레벨이 낮고 취급하기 쉬운 삼류들을 중용하기 마련이다.

그 조직은 이류 지도자가 이끌고 삼류 추종자가 힘을 보태는 구조를 이룬다. 일류와 일류가 될 인재는 제대로 평가받지 못하고 중용도 되지 않은 채 볕이 들지 않는 장소에서 치직치직 연기만 내고 있게 된다.

결국 이류의 리더가 은퇴하고 그들에게 아첨과 아부를 하여 신뢰를 얻은 삼류 추종자들이 리더로서 권력을 갖게 되면 그 조직은 비전을 잃고 도덕적 붕괴, 냉소와 허무주의에 빠질 것이다. 조직이 이런 상황까지 쇠퇴하면 일류를 불러들여 중역에 등용하려는 자정 작용은 전혀 작동되지 않는다. 때문에 조직의 쇠퇴는 불가역적으로 진행되어 세대가 바뀔 때마다 리더의 능력은 점점 쇠퇴하게 된다.

현재 일본 조직에서 흔히 일어나는 일이다. 세대론, 연대론의 구조적 문제에 더해 리더의 자질이 시간의 흐름에 따라 쇠퇴하는 문제는 고리에 고리를 걸고 이어지고 있다.

고인古人은 책을 읽지 않으면 우인愚人이 된다고 했다. 이 말은 물론 옳다. 그러나 세계는 그러한 우인에 의해 만들어져 왔으며, 현인賢人은 절대로 세계를 지탱할 수가 없다.

– 루쉰魯迅, 《무덤》

조직의 쇠퇴 또한
숙명이다

앞에서 이류가 일류를 기피하고 삼류로 둘러싸여 있기 때문에 조직 상층부는 구조적, 숙명적으로 쇠퇴한다고 지적했다.

쇠퇴의 원인을 다른 요인에서도 추정할 수 있다. 범인凡人은 천재를 알아보지 못한다는 점이다. 아서 코난 도일이 쓴 《셜록 홈즈》 시리즈 중 〈공포의 계곡〉에는 다음과 같은 대사가 나온다.*

* 이 고찰은 호소야 이사오의 《회사의 노화는 멈출 수 없다》를 참고했다.

"범인은 자신보다 뛰어난 사람을 알아보지 못하지만 재능을 가진 사람은 천재를 즉시 알아본다."

이 대사를 앞서 말한 틀에 적용해 보면 천재는 초일류, 재능을 가진 사람은 일류이며, 범인은 삼류가 되지 않을까?

이것을 인선 오류와 빈도 문제로 생각해 보자. 대다수가 범인인 반면 재인은 범인보다 적고 천재는 재인보다 더 적다. 범인이 자신보다 우수한 사람을 이해하지 못하기 때문에 범인에게 인선을 맡기면 범인밖에 고르지 못한다. 반면에 재인이나 천재에게 인선을 맡기면 어느 정도는 재인과 천재를 선출할지도 모른다.

그러나 인선에는 오류가 발생하기 마련이다. 그때 누구를 선택하게 될지는 집단 속에 어떤 사람들이 많이 있느냐에 따라 결정된다. 앞서 말한 대로 인재는 정규 분포가 아니라 파레토 분포를 보이기 때문에 극소수의 재인이나 그 수가 더 적은 천재보다는 범인이 확실히 많다. 따라서 필터를 뚫고 조직에 들어오는 사람은 범인일 확률이 아주 높다. 결국 어떻게 해도 시간이 흐르면 범인이 증가할 수밖에 없는 것이다.

하물며 일본 다수의 기업은 채용을 마치 공장에서 상품

재료를 조달하듯이 처리하고 있다. 재인이나 천재가 인선 활동에 참여하지 않는 경우가 많다는 것은 말할 필요도 없다.

모든 기업은 어디선가 사업을 일으키고 성장한 결과 현재의 상태에 이르렀다. 기업이 성장해서 안정 궤도에 올라 인적 자원의 강화가 필요할 즈음이면 회사를 일으키고 성장시킨 재인이나 천재들은 은퇴를 하거나 채용 활동에서 멀어지고 범인이 그것을 담당하게 된다. 결국 의식적으로 천재와 재인을 인선에 내세우지 않으면 그 조직의 인재 수준은 한없이 평범함에 가까워지고 말 것이다.

소니와 혼다처럼 쇼와시대에 창업한 '날카로운 기업'들이 현재 예전 같지 않다고 느끼는 사람이 많을 것이다. 앞서 말한 메커니즘이 어떤 조직에든 작동한다고 생각하면 수십 년이라는 시간이 지난 것만으로 조직의 날카로움은 무뎌질 수밖에 없다.

선출 외에 육성의 문제도 조직을 쇠퇴의 고리에서 벗어나지 못하게 한다. 범인은 범인밖에 키울 수 없기 때문이다.

이 점에 대해서는 나중에 다시 말하겠지만, 조직 내 경험의 질은 그 조직을 이끄는 리더의 능력에 크게 좌우된다. 사람을 흥분시킬 만큼 도전할 가치가 있는 좋은 실행 계획(과제)을 설정하는 리더 아래에서는 성장으로 이어질 좋은 경험을 얻을 수 있다. 하지만 아무런 의의나 의미를 느낄 수 없는 실행 계획밖에 설정하지 못하는 삼류 리더 아래에서는 양질의 경험을 얻지 못해 능력과 인격의 성장이 정체될 수밖에 없다.

'개천에서 용 난다'라는 말이 있는데 이는 조직론의 세계에서는 이루어질 수 없다. 양질의 경험 없이는 결코 인재가 성장할 수 없기 때문이다.

조직이 크고 오래될수록
쇠퇴의 속도와 범위는 커진다

사회의 특정 조직 내부에 천재와 재인의 밀도를 어느 정도로 유지할 수 있는가, 즉 이것은 엔트로피entropy*의 문제이다.

엔트로피라는 열역학 상의 개념을 조직에 적용하는 것은 사실상 일반적이지 않다. 그러나 자연계의 법칙과 메커니즘이 대부분 사회와 조직에도 적용된다는 것을 우리는 알고 있다. 만약 대자연의 법칙으로써 열적 손실이라는 불가역적이

● 자연의 물질이 한 방향으로만 움직임으로써 원래의 상태로 환원되지 못하는 에너지가 발생한다. 이때 쓸 수 없게 된 에너지를 엔트로피라 일컫는다. 엔트로피 법칙에 따르면, 질서를 형성하기 위해서는 더 큰 무질서를 만들어내야 한다.

고 일방적인 진행 과정이 있다면 우리가 만들어낸 다양한 시스템과 조직에서도 같은 법칙이 적용될 것이다.

엔트로피가 증가한다는 것은 사용할 수 없는 에너지가 많아진다는 의미이고, 그 결과 무질서를 낳는다. 이에 대해 인간의 몸이 동적 평형을 이루며 적응해 가듯이 기업 조직도 엔트로피 증가에 대항하며 생명력을 유지한다.

하지만 둘 사이에는 결정적인 차이가 있다. 인간에게는 유한한 수명이 전제되지만 기업 조직의 수명은 무한하다는 사실이다. 심지어 기업 조직은 이 지속성을 긍정적인 요소로써 추구하고 있다.

요미우리 자이언츠 감독이었던 나가시마 시게오는 은퇴식에서 '자이언츠는 영원히 불멸할 것'이라고 선언했다. 오랫동안 소속했던 조직이 영원하길 바라는 마음은 이해하지만 결과적으로는 덕담이 아닐 수도 있다. 지금까지 본 것처럼 인간이란 시스템이 엔트로피 증대의 법칙에 따라 쇠퇴하는 것과 마찬가지로 기업 조직 또한 쇠퇴하는데, 조직이 크고 오래될수록 쇠퇴의 속도는 빨라지고 범위는 넓어지기 때문이다.

예를 들어 최근 15년간 주식 변동 추이를 보면 중소, 중견 기업이 주로 상장하고 있는 도쿄 증권 거래소 2부의 평균 주가는 67%로 크게 상승한 반면 도쿄 증권 일부 상장 기업 주요 30사로 구성된 'TOPIX Core30'은 마이너스 4%로 크게 하락했다. 흔히 '잃어버린 20년'이라는 문구로 버블 붕괴 후의 경제 정체 상황을 표현하는데, 이 20년 동안 정체 현상이 깊어지는 원인은 바로 크고 오래된 회사에 있다. 오히려 중소, 중견기업 중에는 급성장하고 있는 회사가 많다.

7장에서 다시 이야기하겠지만 이 현상은 우리가 '권력의 종언' 시대에 살고 있음을 느끼게 한다. 지금까지는 취직할 회사를 고를 때 가급적 크고 오래된(=전통적인) 곳이 좋은 회사라고 생각해왔다. 그런 기업이라면 주위의 존경과 사회적 지위의 안정을 동시에 얻을 수 있는 시대가 있었다.

하지만 조직 또한 엔트로피 증가에 영향을 받아 쇠퇴한다면 이제 시대착오적인 가치관에서 벗어나야 하는 시기와 마주한 것이 아닐까?

> 빠르지 않게 끊임없이 흐르는 신진대사가 있어서 초반의 사회는 건전하게 발달한다. 사람은 적당한 시기에 떠나는 것도 하나의 의미 있는 사회 공헌이 되어야 한다.
>
> – 이시바시 단잔石橋湛山, 〈죽음도 역시 사회 공헌〉

지금은 제3차
혁명의 전야

엔트로피 증가의 법칙에 따라 조직에는 범인이 많아지고 리더의 능력은 시간이 지날수록 쇠퇴한다. 이 변화는 불가역적이며 조직의 자정 작용으로 일류 리더를 복귀시키는 일은 어렵다.

그럼 어떻게 해야 할까? 간단한 방법은 조직을 망치로 부수고 새로운 조직과 구조를 만드는 것, 즉 혁명이다.

일본의 경우 메이지 유신과 태평양 전쟁*의 종전이 이 과

---

* 1941~1945년까지 일본과 연합국 사이에 벌어진 전쟁이다. 제2차 세계 대전의 일부로, 일본의 진주만 기습으로 시작되었다가 일본의 무조건 항복으로 끝났다.

정이었다고 생각하면 이해하기 쉽다. 둘 사이에는 약 80년이라는 시간 차이가 있지만 이 간극에는 나름의 필연성이 있다고 생각한다. 즉, 80년은 한 번의 혁명으로 리더십을 쇄신한 조직과 사회가 다시 앞서 말한 논리대로 쇠퇴하기에 충분한 시간이다.

여기에서는 우선 메이지 유신 때 활동한 핵심 멤버의 나이를 확인해 보자(다음 페이지 표3). 가장 나이가 많은 가쓰 가이슈조차 44세이고 대부분 30대이다. 그들은 대정봉환大政奉還*을 통해 이른바 리더십을 쇄신하고 요직을 맡아 2~30년에 걸쳐 국가 건설에 앞장섰다. 일본을 선진국의 발판에까지 올려놓았으나 세대교체 때마다 리더의 수준이 급격하게 떨어졌다. 결국 1930년에는 국제적인 고립 상태를 초래하여 태평양 전쟁의 수렁으로 나라를 몰아갔다.

시바 료타로는 《메이지라는 국가》에서 '총명함과 합리성으로 무장해 국가를 선진국으로 이끌었던 일본인들이 왜 전쟁이라는 최악의 선택을 하고 말았는가, 둘 다 진정 같은 나라의 사람이었는가'라는 문제를 제기했다. 이는 앞서 말한 조

● 1867년 일본 에도 바쿠후(江戸幕府)가 천황에게 국가의 통치권을 돌려준 사건.

표3 메이지 유신 핵심 멤버의 나이(1867년, 대정봉환)

이름	출신지	출생 연도	사망 연도	대정봉환 때 나이
가쓰 가이슈	에도	1823	1899	44
이와쿠라 도모미	교토	1825	1883	42
사이고 다카모리	사쓰마번	1827	1877	39
요시다 쇼인	조슈번	1830	1859	37
오쿠보 도시미치	사쓰마번	1830	1878	37
기도 다카요시	조슈번	1833	1877	34
후쿠사와 유키치	나카쓰번	1834	1901	32
사카모토 료마	도사번	1835	1867	31
이타가키 다이스케	도사번	1837	1919	30
도쿠가와 요시노부	도사번	1837	1913	30
오쿠마 시게노부	사가번	1838	1922	29
다카스기 신사쿠	조슈번	1839	1867	28
이토 히로부미	조슈번	1841	1909	26
무쓰 무네미쓰	기이번	1844	1897	23

직과 리더의 쇠퇴 메커니즘을 생각하면 설명이 가능하다. 반복해서 말하자면 인선에는 일정 확률로 오류가 발생해 세대교체를 거칠 때마다 리더의 자리에 범인이 오를 확률이 높아지기 때문이다.

만일 조직이나 사회의 리더 교체 주기를 10년이라고 가정한다면 80년이란 기간에 7번의 세대교체가 이루어진다. 예를 들어 1회당 70%의 확률로 일류를 선출할 수 있다고 가정하면, 7회의 세대교체에서 전부 일류를 선출할 수 있는 확률은 8% 정도이며 1회당 50%의 확률로 가정하면 0.8%밖에 안 된다. 7회 중 한 번이라도 이류 혹은 삼류를 선출하면 앞서 말한 논리에 따라 일류가 리더로 돌아오기 힘들기 때문에 그 시점 이후 일류가 리더가 될 확률은 제로가 된다.

물론 이것은 가정에 가정을 거듭한 사고실험일 뿐이지만 80년이라는 세월 동안 일류가 리더 자리를 계속 지킨다는 것이 확률적으로 얼마나 어려운 일인지 피부로 느낄 수 있다.

이처럼 메이지 유신이라는 제1차 혁명과 태평양 전쟁 후라는 제2차 혁명 사이의 80년 동안 리더에 대한 대대적인 물갈이가 실행된 것은 나름대로 필연성이 있었을 것이다.

그렇다면 태평양 전쟁 종전부터 80년이 지난 시기는 언제일까, 바로 2025년이다. 즉, 지금 우리가 살고 있는 사회는 제3차 혁명을 향해가고 있는지도 모른다.

제 3 장

청장년층이
아저씨에 대항할 무기

혁명의 무기는
의견과 이탈

　앞서 말한 것처럼 한 번이라도 삼류가 조직의 리더가 되면 자정 작용은 기대할 수 없다. 일본 대학 미식축구부 감독과 일본 복싱 연맹 회장의 사건을 포함해 최근에 일어난 일련의 불상사를 보면 잘 알 수 있다. 이처럼 쇠퇴한 아저씨가 리더 자리에 오르면 주위에는 비위를 맞춰 어떻게든 콩고물이라도 얻어먹으려는 쇠퇴한 아저씨들만 남는다. 일류의 인재가 다시 리더가 될 가능성은 제로에 가까워지는 것이다.

　그렇게 되면 열쇠는 40대 이하 세대의 운동에 있다. 실제로 메이지 유신 때에도 태평양 전쟁 종전 후에도 사회 시스템의 재구축에서 리더십을 발휘한 쪽은 주로 40대 이하의 청장년층이었다.

사회에서 실권을 쥐고 있는 권력자에게 압력을 가하는 방식은 크게 '의견opinion'과 '이탈exit' 두 가지가 있다. 전자는 이상한 것을 이상하다고 말하는 것이고 후자는 권력자의 영향력에서 벗어나는 것이다.

이는 많은 사람들이 시장 경제 원리 속에서 일상적으로 사용하고 있는 도구이다. 상품을 구매하고 불만이 있으면 클레임의 형태로 의견을 내고 그래도 바뀌지 않으면 불매 형태로 이탈하는 것이 그 예이다.

주주도 마찬가지다. 경영 방식에 불만이 있으면 주주 총회에서 의견을 밝히고 그래도 변화가 없을 때에는 주식을 매각함으로써 이탈한다. 즉, 경영자를 둘러싼 이해관계 중 적어도 고객과 주주에 대해서는 의견과 이탈을 행사하기 위한 구조와 법률이 정비되어 있다. 그렇기 때문에 주가와 매출은 그 기업의 가치를 나타내는 대체 지표의 기능을 한다.

메이지 유신 때에도 태평양 전쟁 종전 때에도 청장년층은 이 두 무기를 사용하여 기존의 권력 구조를 게릴라처럼 공격했다. 번을 벗어나 떠돌이 생활을 하다 설득을 통해 동지 네트워크를 구축하고 선중팔책*을 정리한 사카모토 료마는 의견과 이탈이라는 무기를 최대한 사용한 인물이라고 할 수 있다.

쇠퇴한 아저씨 아래에서 납득되지 않는 불합리한 일을 강요당하는 사람이라면 먼저 이 무기들을 의식하길 바란다.

● 사카모토 료마가 막부 말기인 1867년(게이오 3년)에 기초한 신국가체제의 기본 방침.

의견 제시도 이탈도 하지 않는다면
불합리한 일에 가담한 것과 마찬가지

　반대로 말하면 의견 제시도 이탈도 하지 않는 것은 권력자의 행동을 지지한다는 의미라고 할 수 있다. 본인은 아마도 부정하겠지만 사회에 물의를 일으킨 기업에 몸을 두면서 그저 지켜보기만 했다는 것은 이러한 불합리한 일에 자신도 가담하고 이를 주도한 권력자를 지지한 것과 마찬가지다.

　'상사에게 의견을 말하면 직장을 잃을지도 모른다'라든지, '전직을 할 수 있을 만한 기술도 전문성도 없어서 용기가 나지 않는다'라고 변명할지도 모른다. 하지만 스스로 타협하여 무위한 인생을 보낸다면 도덕관은 마비되고 무언가에서 의미를 찾는 안목도 잃어버려 생물학적으로만 살아있을 뿐 영혼은 죽어 있는 좀비 같은 아저씨가 될 것이다.

출근 시간에 이런 상태에 빠져 있는 사람을 얼마든지 찾아낼 수 있다. 쇠퇴한 아저씨는 하루아침에 탄생하는 것이 아니다. 가슴 뛰는 일을 추구하지 않고 불합리한 일에 몇 년, 몇 십 년 동안 타협을 거듭해온 결과로 자연스럽게 만들어진다.

인적 자본과 사회적 자본이
유동성을 높인다

　의견과 이탈이 아저씨에게 압력을 가하는 무기로써 유효하다는 것은 알겠지만 그것을 사용함으로써 자신의 경력이 위험에 노출되는 것은 피하고 싶다면, 어떻게 해야 할까?

　너무 정형적인 답변이라 식상할지도 모르지만, 범용성이 높은 기술이나 지식 같은 인적 자본과 신용과 평판에 따른 사회적 자본을 쌓아 자신의 유동성을 높여야 한다. '유동성'이란 향후 유연하고 강인하게 경력을 쌓아가기 위해 중요한 키워드이므로 나중에 자세히 이야기할 예정이다.

　일반적으로 기술과 지식의 획득은 해당 조직에서 가치를

높이기 위한 것이라고 생각하지만 사실은 프레임을 어떻게 가지고 갈 것인가의 문제이다. 어디서든 살아남기 위해 기술과 지식을 습득하고 지금의 위치에서 언제든지 벗어날 수 있는 상태를 만들기 위해 공부를 계속한다는 의식을 가져야 한다.

전혀 변하지 않는 기업에 이의를 제기하는 사람이 많아지면 점차 기업은 변화한다. 그러므로 개인이 회사에 대해 불만을 나타내는 하나의 방법은 회사를 그만두는 것이다.

– 린다 그래튼Linda Grattton, 《초예측》

의견과 이탈의 결여는
아저씨를 더 쇠퇴하게 만든다

앞서 의견과 이탈을 활용하지 않고 그저 질질 끌려다니며 무비판적으로 일하는 습관이 쇠퇴한 아저씨를 만든다고 지적했다. 여기에 더해 지나친 관용이 그들의 쇠퇴를 가속화한다.

왜 지나친 관용이 문제인가 하면 최종적으로 '피드백 결여'라는 치명적인 문제를 초래하기 때문이다. 시스템이 건전하게 기능하고 발전하려면 적시에 적절한 피드백이 필수적이다. 미국 스리마일섬의 원전 사고는 컴퓨터의 정보 처리가 늦은 탓에 사태가 커졌다. 필요한 순간에 적절한 피드백을 제시하지 못해 궁극적으로 붕괴로까지 발전한 것이다. 일본 대학

미식축구부 감독과 일본 복싱 연맹 회장도 수년에 걸쳐 피드백을 받지 못했기 때문에 폭주를 멈추지 못하고 인생의 붕괴를 일으켰다. 이제 피드백 시스템을 건전하게 작동시키는 것이 얼마나 중요한지 이해할 수 있을 것이다.

의견과 이탈은 가장 포괄적이고 효과적인 피드백 방법이지만 일본에서는 아직 보편적이지 않다. 상사에게 강하게 반론하거나 의견을 내면 '분위기 파악도 못하는 녀석'이라는 딱지가 붙고, 이직도 증가하는 추세이긴 하나 아직 위험이 크다 생각하기 때문이다.

그러니 아저씨들은 '내가 하는 일, 말하는 것에 누구도 반론을 제기하지 않는다. 내 지배 하에서 누구도 이탈하지 않는다'라고 믿게 된다. 자신이 리더로서 그만한 인망을 갖고 있다고 착각을 해도 이상하지 않은 상황인 것이다.

올림푸스의
분식 회계 사건

일본에서 의견과 이탈이라는 견제 압력은 거버넌스로 전혀 작동하지 못한다. 대표적인 예를 들자면 올림푸스의 분식 회계 사건이 바로 그것이다.

사건의 개요는 다음과 같다.

2011년 4월, 영국인 경영자 마이클 우드퍼드가 올림푸스 사장으로 취임한다. 그는 과거 올림푸스 경영진에 의한 기업 인수 과정에서 인수 가격이 말도 안 되게 높았다는 사실과 존재가 불확실한 케이만 군도 고문에게 고액의 수수료를 지불하고 있다는 점을 문제 삼았다. 이로써 기쿠가와 쓰요시

전 회장과 모리 히사시 전 부사장이 직후 열린 이사회에서 해임되었다.

이후 조사에 의해 올림푸스는 버블 붕괴로 입은 막대한 손실을 비밀리에 회계 처리하기 위해 실태와 동떨어진 고액의 기업을 인수하고 그것을 투자 실패에 따른 특별 손실로 계상하여 감액 처리하면서 실제 손실 원인을 분식하려고 한 정황이 밝혀졌다. 유례없는 악질적인 회계 분식에 대해 역대 회장, 사장들은 10년 이상 알면서도 묵인해온 것이다.

올림푸스 사건을 보며 필자가 느낀 것은 일본인이 생각하는 개인과 조직 간의 관계는 서양인의 그것과 다르다는 당연한 사실이었다.

우드퍼드는 자신이 주주에게 경영을 위탁받은 경영인이므로 개인의 업무적 책임으로 불투명한 매수를 명확하게 밝힐 필요를 느끼고 당시 기쿠가와 회장에게 의견을 제시했다. 하지만 왜 역대 회장 혹은 임원들은 그렇게 하지 못했을까?

여기에 쇠퇴한 아저씨를 만들어내는 메커니즘의 본질이 보인다. 그들을 생산하는 것은 바꿔 말하자면 의견 제시도 이탈도 하지 않는 부하 직원들이라는 말이다. 1장에서 2장까지 아저씨가 쇠퇴하는 요인을 세대론과 조직론의 구조 안에서 고찰했지만 다른 요인으로는 부하로부터의 피드백 부족이 있다. 때문에 자신의 인격과 인망에 대해 착각하는 리더가 너무 많은 것이다.

그리고 쇠퇴한 아저씨 아래에서 비위를 맞추는 일을 반복하다 보면 결국은 앞서 말한 것처럼 깊은 사고력은 마비되고 도덕관은 쇠약해지고 결과적으로 자신도 쇠퇴한 아저씨가 되고 만다. '쇠퇴한 아저씨에 의해 쇠퇴한 아저씨가 확대재생산'되는 악몽 같은 과정이 끝없이 반복될 뿐이다.

노인들이 우리를 지배하는 건 실력이 있어서가 아니라 우리가 감수하기 때문이다.

– 윌리엄 셰익스피어William Shakespeare, 《리어왕》

의견과 이탈을 행사하지 못하는 이유 ①
미의식의 결여

왜 사람들은 의견과 이탈이라는 큰 무기를 잘 활용하지 않는가? 크게 두 가지 이유가 있다고 생각한다. 하나는 '미의식의 결여'이다. 나름대로 미의식, 즉 심미안, 도덕관, 세계관, 역사관을 가진 사람은 무엇에든 명확하게 '옳다, 옳지 않다'라는 기준선을 가지고 있다. 상사가 이 선을 넘어서는 행동을 하려고 하면 '그것은 옳지 않다'라고 목소리를 높인다.

조직 구성원의 미의식이 결국 의견과 이탈이라는 행동을 이끌어내 경영자를 움직인 사례로 구글의 케이스를 살펴보자.

2018년 6월 7일자 로이터 기사에 따르면 구글이 미군의

무인기(드론)에 의한 화상 인식에 협력하기로 한 것에 대해 사내에서 시위가 확산되었다. 직원 4,600명이 협력을 중지하라는 탄원서에 서명하고 사직하는 사람도 속출하는 사태가 일어났다. 구글 직원들은 인공지능에 의한 화상 인식을 무기로 이용한다는 경영적 판단에 의견과 이탈이라는 두 가지 무기를 사용하여 경영자에게 압력을 가했다. 최종적으로 구글은 이 피드백을 받아들여 인공지능을 무기에 이용하지 않는다는 원칙을 작성하고 공표하기에 이르렀다.

이것은 구성원의 미의식과 가치관이 경영자를 크게 견제한 사례이다.

의견과 이탈을 행사하지 못하는 이유 ②
낮은 유동성

의견과 이탈이라는 무기를 사용하지 못하는 사람이 가장 많이 이야기하는 두 번째 이유는 '낮은 유동성'이다. 여기서 말하는 유동성이란 만일의 경우 소속했던 조직에서 이탈했을 때 지금의 생활 수준을 유지할 능력이 되는가 하는 문제를 의미한다. 유동성이 높다는 것은 장소의 이동과 상관없이 자신의 현재 가치가 유지된다는 것이고, 유동성이 낮다는 것은 반대로 장소에 따라 자신의 현재 가치가 크게 바뀌는 것을 말한다.

돈을 만들어내는 밑천을 자본이라고 한다. 일반적으로 우리는 '자본'이라는 말을 들으면 돈을 만들어내기 위한 돈, 즉 금융 자본을 떠올리지만 돈을 만들어내는 것은 돈만이 아니다. 노동 시장에서 높이 평가되는 기술과 지식, 언어 능력 등도 돈을 만들어내는 인적 자본이며 일을 소개하거나 도와주는 든든한 인맥과 평판, 신용 또한 돈을 만들어 내는 사회적 자본이다.

인적 자본과 사회적 자본이 두터우면 어디를 가더라도 살아갈 수 있다. 즉 이 두 가지를 획득한 사람은 높은 유동성을 갖게 된다. 일본 기업에 오랫동안 근무하면 두 가지 자본이 회사 내부에서 폐쇄적으로 형성되기 때문에 전혀 유동성이 높아지지 않는다는 문제가 있다.

가장 쉬운 예가 부업 금지이다. 인적 자본이든 사회적 자본이든 그것을 구축하는데 가장 효과적인 것은 양질의 경험이다. 직장에서의 좋은 경험을 통해 기술과 지식을 구축하고 명성과 신용을 축적할 수 있는 것이다. 외부에서도 통용되는 인적 자본과 사회적 자본을 형성하기 위해서는 회사 외부 사람과 함께 여러 가지 일을 하는 것이 가장 좋다. 하지만 일본의 많은 기업에서는 부업을 금지하고 있기 때문에 인적 자본과 사회적 자본은 회사 내부에서 형성될 수밖에 없다.

물론 전직하면 회사 내부에 쌓아온 인적 자본과 사회적 자본을 어느 정도 포기해야 하기 때문에 이것이 일종의 '인질'이 되어버린다. 사단법인경제단체연합회 등이 기를 쓰고 겸업이나 부업을 금지하려는 이유이기도 하다. 겸업이나 부업을 허락하면 직원의 자본이 회사 외부에 형성되어 그 직원을 점거해두는 효과가 약해지기 때문이다.

기업에서 직원의 보유와 유지는 매우 중요한 문제이므로 점거 효과가 약해지는 부업, 겸업 등의 시책은 가능하면 피하고 싶은 마음을 모르는 바가 아니다. 그러나 그런 지침이 오히려 직원의 취직 능력(고용되고 고용을 유지하는 기능)을 저하시켜 장래에는 보유하기 이전에 고용조차 할 수 없게 될 가능성이 있다는 것을 잊지 말아야 한다.

연공서열제란 근속 연수에 따라 지위나 임금 체계가 설정되는 명확한 제도인데, 이와 같이 제도화되지는 않더라도 어떤 분야의 사회 집단에서든 입단 후부터 연수(경력)라는 것이 그 집단 내 개인의 위치, 발언권, 권력 행사에 크게 영향을 미치고 있다. 다시 말해, 개인의 집단 성원과의 실제 접촉 시간 자체가 개인의 사회적 자본이 되는 것이다. 그러나 그 자본은 다른 집단

에 적용할 수 없는 것이므로, 집단을 A에서 B로 바꾼다는 것
은 개인에게 비상한 손실이 된다.

–나카네 지에中根千枝, 《일본 사회의 인간관계》

제4장

당신은 여기까지입니다
-100세 시대에 일하는 법

해고하지 않는 기업이
더 위험하다

이 책의 전반에서 현재 50, 60대인 아저씨들은 '달콤한 이야기'의 존재를 전제로 20, 30대에 사회 적응을 했지만 그 후 사회로부터 배신을 당한 세대라고 지적했다.

여기에서는 같은 문제를 다른 각도에서 고찰해 보도록 하자. '일본 기업은 사람에게 친절하지만 외국계 기업은 엄격하다'라는 말이 과연 진실인가 하는 문제이다.

사람들 사이에 이런 인식이 퍼진 이유는 매우 간단하다. '외국계 기업은 가차 없이 사람을 해고하지만 일본 기업은 해고하지 않는다'라는 점 때문이다. 확실히 해고는 당사자에게 큰 스트레스이므로 해고를 하지 않는다는 것은 큰 장점으로 해석될 수 있다. 그러나 해고되지 않고 회사 안에 계속 머물러 있는 인재가 최종적으로 어떻게 되는지를 생각해 보면 결론은 명백하다. 사원 수가 10만 명을 넘는 기업이라고 할지라도 사장은 한 명 뿐이므로 나머지 사람들은 어딘가에서 커리어의 천장에 부딪히게 된다.

그럼, 어느 단계에서 천장에 부딪힐까? 대부분의 일본 기업에서는 40대 후반이다. 과연 유익한 상황일까? 40대 후반에 '당신은 이 회사에서 더 이상 승진할 수 없다'라는 말을 들으면 그 시점에서 얻을 수 있는 선택권은 거의 없다. 앞서 말한 대로 노동 시장에서의 가치는 인적 자본과 사회적 자본의 두께로 결정되는데, 대부분의 사람은 회사 내부에 이러한 자본을 축적하기 때문에 다른 기업으로의 이동은 쉽지 않다.

반대로 회사 측은 직원에 대해 여러 가지 선택지를 갖고 있어서 찜을 찌든 굽든 아무래도 상관없다. 경제학적으로 말하면 고용자와 피고용자 사이에 선택지의 극단적 비대칭성이 생긴다.

흔히 엄격하다고 평가받는 외국계 기업에 대해 생각해 보

자. 확실히 단기적으로는 어려울지도 모르지만 중장기적으로는 다른 면도 볼 수 있다. 커리어가 아직 낮은 단계에서 일의 적격, 부적격을 판단할 수 있으므로 결과적으로는 자신의 가치를 높일 수 있다.

이는 실리콘밸리의 경제 시스템과 마찬가지로, 간단히 말해 전체적, 장기적으로 강점이라 여겨지는 것들은 사실 부분적, 단기적인 취약성을 발판으로 삼는다.

물론 그 순간은 매우 고통스러울 것이다. 누구라도 "당신의 실적이 회사의 기대에 미치지 못한다. 다음 주부터 그만 나와도 되니 구직 활동을 시작해도 좋다"라는 말을 들으면 엄청난 충격을 받을 것이다. 나 자신도 그런 말을 들은 경험이 있고, 어제까지 함께 일하던 사람이 갑자기 회사를 떠나는 경우도 많이 보았다.

일본 대기업에 근무하는 사람의 입장에서 그런 일은 견디기 어려울지도 모른다. 하지만 결국 "당신은 여기까지"라는 말을 듣는 시기가 언제인가의 문제일 뿐이라면 아직 다른 길을 선택할 수 있을 만큼 젊을 때 듣는 것이 본인에게 더 나은 일이다.

조직이 커질수록
출세 확률은 낮아진다

조직이 커질수록 요직으로 진출해 출세할 확률은 낮아진다. 아무리 큰 회사라도 사장은 기본적으로 한 사람이고, 경영진도 대략 20명 정도에 불과하다.

가령, 아래처럼

A : 사원이 100명인 회사로 임원은 5명

B : 사원이 1000명인 회사로 임원은 10명

C : 사원이 10000명인 회사로 임원은 20명

일반 사원과 임원의 비율을 계산해 보면 각각 직원에 해당하는 임원 비율은 다음과 같다.

A : 5%

B : 1%

C : 0.2%

일본의 대기업은 모두 막스 베버가 정의한 관료형 조직이기 때문에 상층부의 자리는 기하급수적으로 적어진다. 즉, **조직이 크면 클수록 "당신은 여기까지"라는 말을 듣고 후회할 확률도 높아진다.**

외국계 기업에서는 젊을 때부터 자의로든 타의로든 회사를 옮길 기회를 갖게 된다. 큰 스트레스를 받지만 그것은 일시적이다. 필자의 친구나 지인을 보면 대부분 2, 3년 안에 신천지를 발견하고 자유롭게 일을 하곤 한다. 연애와 마찬가지로.

한편, 일본 대기업의 경우 해고 연령이 40대 이후이기 때문에 이 시점에서 얻을 수 있는 유효한 선택지는 거의 남아 있지 않다. 결국 그만두지도 못하고 지금의 자리에서 버티면서 화려하게 활동하며 승진하는 사람들을 바라볼 수밖에 없다. 즉, 자신을 거부하는 조직에 남아 거부당하지 않는 사람의 활약을 지켜보는 상황에 놓이는 것이다.

거기다 조직 내 서열은 내부자에게 쉽게 공유되기 때문에 '그 사람은 거기에 멈춰있다'라는 사실을 누구나 명확하게 알 수 있다. 실로 가혹한 상황이 아닐 수 없다.

사회학자 미타 무네스케는 현대 사회를 '시선 지옥'이라고 표현했다. 사람들이 서로 총알 같은 시선을 주고받으며 사회적 지위와 경력을 순식간에 평가하고, 이기고 지는 정신 소모전을 매일 같이 치르는 지옥이라는 것이다.

이와 같은 지옥에 남아 아직 많이 남은 직업 인생을 살아야 한다면 당연히 이상해지지 않겠는가.

100세 시대에 적합한
4단계 모델

　40대 후반에 해고되거나 경력이 정체되는 현상은 중대한 사회적 문제를 낳는다. 100세 시대에서 40대 후반은 아직 반환점에도 도달하지 못한 경력의 전반전에 불과하기 때문이다.

　종래의 직장생활, 즉 20대 중반에 취직하여 60세 전후까지 일하고 그 다음에 은퇴하는 '3단계 모델'을 전제로 한다면 40대 후반은 레이스에서 내려온다 해도 남은 10년을 은퇴 준비 기간이라고 여기며 받아들일 수 있을 것이다.

　하지만 100세 시대에 40대 후반은 그간의 노력에 따른 진짜 결실을 얻는 시기이다. 경력의 반환점도 채 돌지 못한 이

때 "당신은 여기까지"라는 말을 듣는다면 수확은커녕 다른 직업으로 경력을 이어나가지 못하는 사람들이 다수 생겨날 것이다. 이는 커다란 사회적 혼란을 야기할 수 있다.

이 문제를 고찰하기 위해 예방의학자인 이시카와 요시키石川善樹가 제창한 '4단계 인생 모델'을 인용하려고 한다.

봄에 해당하는 1단계인 1~25세는 기초 학력과 도덕을 몸에 익히는 시기, 여름에 해당하는 2단계인 25~50세는 여러 가지 일에 도전하고 스킬과 인맥을 쌓으며 자신이 무엇을 잘하고 무엇에 마음이 움직이는지 찾아내는 시기, 가을에 해당하는 3단계인 50~75세는 지금까지 축적해온 것을 바탕으로 자신이 설 자리를 정하고 세상을 향해 결과를 돌려주는 시기, 마지막으로 겨울에 해당하는 4단계인 75~100세는 여생을 보내는 시기, 이렇게 4단계로 나눈 모델이다.

런던 경영대학원의 린다 그래튼Linda Gratton 교수도 《100세 인생》(클, 2017)에서 설명한 바 있지만 우리는 오랜 기간에 걸쳐 3단계 모델에 익숙해져 있어서 60세 즈음에 은퇴하고 80세 정도에 사망한다는 전제로 생각하는 경향이 있다. 그렇기 때문에 '40대 후반이면 게임 오버'라는 현재의 관습을 꺼려하면서도 받아들인다.

그러나 많은 지식인이 지적하는 것처럼 우리의 수명은 장기적인 증가 추세에 있으며 가까운 장래에는 대부분 100세까지 살 것이다. 연금 제도에 대한 불신으로 많은 사람들이 은퇴 연령을 지금보다 더 뒤로 미뤄야 하는 상황에도 놓이게 될 것이다.

《100세 인생》의 공저자인 경제학자 앤드루 스콧Andrew Scott은 100세까지 사는 시대가 되면 은퇴 후 자금을 만들기 위해 80세까지 일하지 않으면 안 된다고 지적했다.

가혹한
시스템

이 4단계 모델을 기업의 현 인사 관행에 비추어 보면 이제야 인간적으로 성숙하여 사회에 결실을 환원하는 가을, 즉 3단계에서 활약할 수 있는 사람은 극소수에 불과하다. 국가적인 측면에서도 자원 낭비이다. 좀 더 지적하자면 이와 같은 현상이 지속되면 본래 준비 시기로서 중요한 2단계가 매우 치열한 생존 경쟁의 단계가 된다는 문제가 있다.

3단계에서 빛나기로 계획을 세우면 2단계에서는 여러 가지 체험에 도전하고 자신이 어느 것을 잘하고 무엇을 할 때 두근거리는지 이해하는 여유가 생긴다. 자신에 대해 더 정확히 파악할 수 있는 것이다.

하지만 40대 후반에 게임을 끝내려고 한다면 다방면으로 도전하거나 다양한 분야의 지식을 흡수하겠다는 노력조차 하기 어렵다. 그저 눈앞에 있는 상사에게 받은 일을 사회적 의의나 도덕적 시비 등을 따져보지도 않고 열심히만 일하는 노예가 될 수밖에 없다.

이것이 바로 교양도 도덕관도 없는 '쇠퇴한 아저씨'를 만들어내는 요인이다. 매우 가혹하지만 우리 시스템의 현주소이다.

제 5 장

연장자는 어떻게
존경받게 되었을까

연장자의 판단은
과연 옳은가

　이미 여러 곳에서 지적하고 있는 문제, 우리가 암묵적으로 전제하고 있는 '연장자를 존경해야 한다'라는 명제는 과연 옳은 것일까?

　몇 가지 명제를 통해 생각해 보자. 먼저 '연장자는 경험이 풍부하고 상황 판단력이 우수하다. 따라서 조직이나 공동체가 어려운 문제에 부딪혔을 때 연장자의 조언을 들어야 하며 그러한 책임을 갖고 있는 연장자를 우리는 존경해야 한다'라는 일반적 사고 흐름이 있다. 설득력 있는 말로 들리겠지만 잘 생각해 보면 오히려 전제를 반증하는 요소가 되기도 한다.

20세기 중반 이전처럼 변화가 비교적 천천히 일어나는 시대라면 축적된 경험이 새롭게 발생하는 문제의 해결 능력에 직결되었다. 지금 눈앞에서 일어나는 문제가 30년 전에도 일어난 일이기 때문이다.

하지만 지금처럼 변화가 격렬한 시대에는 과거의 경험을 기반으로 표면적인 대처를 하는 편이 오히려 문제를 악화시킬 수도 있다. 컨설턴트로서 조직 개발의 업무에 참여하다 보면 현장의 젊은이들에게 **"상사가 옛날 방식에 집착해서 개혁을 전혀 진행할 수 없다"**라는 한탄을 자주 듣는다. 상사들 중에는 과거 자신의 성공과 실패 경험에 취해 있는 사람이 많고 그 경험을 기반으로 형성된 스키마(과거의 경험을 기반으로 한 심리적인 틀)에 갇혀있는 경우도 적지 않다. 그러므로 **축적된 경험이 판단 능력을 향상시킬 것이라는 단순한 명제가 늘 옳지만은 않다.**

모든 것이 빠르게 변하는 시대에 발생하는 전대미문의 문제에 대해 올바른 판단을 하려면 무엇보다도 '교양'이 필요해진다. 하지만 현재 50, 60대는 교양 세대와 실학 세대 사이에서 20, 30대를 보냈기 때문에 교양을 기대하기 어렵다. 실제로 축적된 핵심 역량(높은 업적으로 이어지는 행동 특성) 점수를 보아도 연장자일수록 능력치가 높다는 근거는 발견되지 않는다.

필자가 근무하고 있는 콘 페리는 경영·인사 컨설팅 회사로서 세계적으로 연간 수만 명의 역량 평가를 실시하고 있는데, 전반적으로 점수와 나이에서 통계적인 상관관계를 찾아볼 수 없다. 물론 특정 항목만 지정하면 연령이 상승할수록 높아지는 항목도 있지만 반대로 낮아지는 능력도 있다. 즉, 자신 있는 항목이 변해가는 것일 뿐 전반적으로 능력이 높아지는 것은 아니다.

권력 간격 지수와
이노베이션의 관계

확인한 것처럼 연장자일수록 기술력과 판단 능력이 높다는 명제는 증명할 수 없다. 연장자를 존중하고 존경해야 한다는 생각은 그다지 합리적이지 않아 보인다. 그럼에도 불구하고 필자를 포함한 많은 사람들은 조직과 공동체에서 연장자를 존중하지 않으면 안 된다고 생각하고 있다.

합리적인 근거가 없음에도 불구하고 믿는 행위를 '신앙'이라고 한다. 즉, 연장자를 존중해야 한다는 우리의 신앙은 유교라는 종교를 기반으로 한다. 생활하면서 유교의 영향을 표면적으로 의식하는 경우는 많지 않다. 하지만 다음 데이터를 보면 아마도 대부분의 사람이 유교의 영향력을 이해할 수 있을 것이다.

네덜란드 심리학자 헤이르트 호프스테더Geert Hofstede는 전 세계에서 조사를 실시하여 '연장자에게 반론할 때 느끼는 심리적 저항감의 정도'를 수치화하고 그것을 권력 간격 지수(PDI, Power Distance Index)라고 정의했다.

권력 간격이란 각 나라의 제도나 조직에서 권력이 약한 구성원이 권력이 불평등하게 분포되어 있는 상태를 예상하고 받아들이는 정도이다. 이는 민족 간에 차이가 있는데, 예를 들어 영국처럼 권력 간격이 좁은 나라에서는 불평등이 최소로 억제되는 경향이 있으며 권한 분포의 경향이 강하다. 그리고 부하는 상사가 의사 결정을 내리기 전에 의논할 것을 기대하며 결정이 특권과 신분의 상징이라는 것을 인정하지 않는다.

이에 비해서 권력 간격이 넓은 나라에서는 사람들 사이의 불평등이 오히려 바람직하다고 생각되며 심지어 권력 약자가 지배자에게 의존하는 경향이 강하다. 이에 따라 권력 간격의 차이는 직장에서 상사와 부하의 관계에 크게 영향을 미친다.

호프스테더에 따르면 주요 국가들의 권력 간격 지수는 다음과 같다.

프랑스 : 68   미국 : 40

홍콩 : 68   네덜란드 : 38

한국 : 60   구서독 : 35

그리스 : 60   영국 : 35

대만 : 58   스위스 : 34

일본 : 54   덴마크 : 18

이탈리아 : 50

호프스테더는 권력 간격이 넓은 나라에서는 미국에서 개발한 '목표에 의한 관리Management By Objectives'를 적용한 리더십 기법은 도움이 되지 않는다고 말했다. 그런 기법은 부하와 상사가 어떤 형태로든 교섭의 장을 갖고 있을 때를 전제로 하는데, 권력 간격이 넓은 나라에서는 부하도 상사도 좋은 마음이 들지 않기 때문이다.

● 《세계의 문화와 조직》, 헤이르트 호프스테더 외, 학지사, 1995.

표4 2017년 이노베이션 순위, ( ) 안은 전년도 순위

순위	국가명	순위	국가명
1위	스위스(1)	14위	일본(16)
2위	스웨덴(2)	15위	프랑스(18)
3위	네덜란드(9)	16위	홍콩(중국)(14)
4위	미국(4)	17위	이스라엘(21)
5위	영국(3)	18위	캐나다(15)
6위	덴마크(8)	19위	노르웨이(22)
7위	싱가폴(6)	20위	오스트리아(20)
8위	핀란드(5)	21위	뉴질랜드(17)
9위	독일(10)	22위	중국(25)
10위	아일랜드(7)	23위	오스트레일리아(19)
11위	한국(11)	24위	체코(27)
12위	룩셈부르크(12)	25위	에스토니아(24)
13위	아이슬란드(13)		

출전 《글로벌 혁신 지수(The Global Innovation Index 2017)》를 참고로 작성.

위의 표4는 미국 코넬 대학, 프랑스의 경영대학원인 인시아드(INSEAD), 세계 지적 재산권 기구(WIPO)가 공동으로 발행한 《글로벌 혁신 지수》의 2017년도 자료로, 이노베이션 순위를 나타낸다. 이 리스트를 보면 권력 간격과 이노베이션 순위와의 상관관계를 눈치챌 수 있다. 권력 간격 지수가 작은 나라일수록 전반적으로 상위권에 있음을 말이다.

이를 통해 부하가 상사에게 반론하기 쉬운 정도와 이노베이션의 가능성 사이에 어떤 연관 관계가 있음을 짐작할 수 있다.

획기적인 생각은
젊은 층에서 나온다

왜 상사에게 반론하기 쉬운 문화권에서 이노베이션이 잘 일어날까?

보편적으로 젊은 사람들이 획기적인 아이디어를 제안하는 경우가 많기 때문이다. '패러다임'이라는 용어를 최초로 사용한 미국의 사회과학자 토마스 쿤Thomas Kuhn은 그의 주요 저서인 《과학 혁명의 구조》(까치글방, 2013)에서 패러다임 전환을 주도하는 사람은 대부분 아주 젊거나 그 분야에서 경력이 짧은 직원이라는 매우 중요한 지적을 했다.

패러다임의 전환을 일으킬 정도로 획기적인 아이디어를

내놓은 사람이 젊은 사람이라면 이들이 자신의 상사에게 편안하게 의견을 내지 못하는 문화권에서 이노베이션이 정체되는 것은 당연한 일이 아닐까?

일반적으로 조직 안에서 영향력이 있고 발언권을 가진 사람은 조직의 상층부에 위치한 연장자들이다. 이 사람들과 아이디어는 있지만 권력이 없는 사람들을 어떻게 이어주어야 할지는 우리가 풀어야 할 숙제이다.

이 문제는 조직이 오래되고 거대할수록 해결하기 어렵다. 여기에서 바로 딜레마가 발생한다. 왜냐하면 조직은 성장과 성과의 결과로 커지고 오래 유지되기 때문이다.

주식회사의 숙명은 성장을 계속하는 것이다. 하지만 성장은 동시에 조직의 거대화를 의미하기도 한다. 그 결과 인원은 증가하고 조직의 계층이 늘며 아이디어를 만들어내는 젊은 이와 의사결정을 하는 경영자가 물리적, 심리적으로 멀어질 수 밖에 없는 것이다.

조직 계층이 늘어나면 늘어날수록 정보가 상층부로 올라가기 어려워지는 것 또한 당연한 일이다. 그리고 2장에서 이미 지적한대로 거대하고 오래된 조직에서는 의사결정의 능력도 저하된다. 즉, 거대한 회사는 이노베이션을 일으키기 어렵다는 결론에 다다른다.

그렇다면 중요한 아이디어를 내는 젊은 사람들에게 영향력 있는 발언권을 주는 조직으로 개편하면 되지 않느냐고 반문할 수 있다. 즉, 애초에 연장자에게 권력을 준 것 자체가 조직의 모델로 비합리적이라는 사고방식이다. 하지만 연장자가 의사 결정 권한을 갖고 있는데 과연 유용한가 하는 문제가 떠오른다.

이노베이션의 새싹으로 이어질 아이디어를 내는 젊은 층과 의사 결정권을 가진 연장자를 어떻게 이어줄 것인가를 논의하는 것은 사실 매우 번거로운 과정이다. 단순히 젊은이들에게 직접 발언권과 자원 동원의 권력을 주면 되지 않나 하는 생각도 떠오른다.

이러한 방향을 사회적으로 강행하려고 한다면 특히 높은 창조성과 지성을 가진 인재일수록 거대한 조직은 피하고 자원 동원 권력을 가진 인물과 직접 대면할 수 있는 작은 조직으로 가야 한다는 결론이 나온다.

권력 간격 지수와
종교의 관계

호프스테더의 권력 간격 지수(104쪽)로 돌아가 보자. 다시 확인하고 깨달은 또 한가지는 종교에 따라 순위가 바뀐다는 사실이다. 전반적으로 상위(값이 큰)에는 가톨릭을 믿는 나라가 많고 다음으로 유교, 불교를 믿는 나라, 하위(값이 작은)에는 개신교를 믿는 나라 순이다.

권력 간격 지수가 종교와 관련 있다는 것은 연장자나 권력자를 대하는 태도가 의지하는 종교의 영향을 받고 있음을 의미한다.

호프스테더는 한국과 일본처럼 권력 간격이 넓은 나라에

서는 상사에게 의견을 제시하는 것을 주저하는 직원의 모습이 자주 관찰되며, 심지어 얼굴을 마주보고 반대 의견을 말하는 일은 거의 없다고 지적했다.

상하관계에서 의사소통의 개방성 정도가 귀의한 종교에 따라 크게 바뀌는 점, 그리고 이노베이션이 이와 관계가 있다는 점은 경제 발전의 구동력이 되는 조직과 사회의 창조성에 종교가 큰 영향을 미친다는 것을 시사한다.

권력 간격이
연장자의 쇠퇴를 가속화한다

권력 간격이 큰 문화권에 있다는 것은 조직의 상부에 앉았을 때 인망과 존경 심지어 신뢰가 없어도 사람들에게 명령하여 조직을 움직일 수 있음을 의미한다. 이런 점이 조직의 리더를 망친다는 것은 충분히 예상할 수 있다.

한편 권력 간격이 좁은 문화권은 어떨까? 높은 지위를 차지한다 하더라도 권위를 이용하여 부하를 쉽사리 움직이지 못한다. 업무의 중요성에 대해 배경 설명을 포함하여 부하를 납득시키거나 공감을 받아야 하기 때문이다.

이 과정이 경영 능력을 향상시키는 것은 거의 틀림없다. 리더십 이론의 대가로 알려진 제임스 쿠제스James Kouzes와 베리 포스너Barry Posner가 쓴 《러더십 챌린지》(이담북스, 2018)를 보면 저자들은 모든 리더십의 초석은 리더와 팔로워 사이에 형성된 '트러스트trust'라고 말한다. 트러스트가 없으면 아무리 두뇌가 명석한 리더일지라도 조직을 이끄는 것은 불가능하다고도 덧붙인다.

이 트러스트라는 단어는 직역하면 '신뢰'지만 오히려 '인망'이라고 번역하는 것이 적절하다는 생각이 든다. 인망이 없는 리더는 아무도 따르지 않는다. 그렇기 때문에 리더에게 인망이 요구되지만 권력 간격이 큰 나라에서는 인망이 부족해도 권력을 이용해 사람을 따르게 할 수 있다.

이것이 리더 계층의 착각으로 이어져 그들을 점점 더 쇠퇴하게 만든다. 하지만 이런 시대는 곧 끝날 것이다.

지배의 근거

사람이 사람을 지배하는 근거는 무엇일까?

막스 베버는 《직업으로서의 정치》(나남, 2007)에서 사람이 사람을 지배하기 위한 근거로서 카리스마적 지배(본인의 자질), 전통적 지배(기존 관심), 합법적 지배(시스템에 의한 권한 규정) 등의 세 가지를 말했다. 하지만 이러한 근거는 현재 전 세계적으로 진행되고 있는 '권력의 종말'이라는 과정 속에서 점점 취약해지고 있다.

정보가 투명해지고 모두가 평등한 인간임을 깨달은 현대 사회에서 카리스마로 지배를 유지하는 것은 어렵다. 세습처럼 전통적인 제도에 의한 권력의 세대교체도 매우 특수한 산업을 제외하면 거의 이루어지지 않는다.

베버가 지적한 세 가지 지배의 근거 중에서 오늘날에도 간신히 명맥을 유지하고 있는 것은 합법적 지배뿐이다. 그러나 이것 또한 기업이나 사업의 수명이 짧아져 시스템이 자주 재조정되면 끝나고 말 것이다.

지배의 근거가 없어졌을 때 지금까지 조직에서 권력을 행사하며 사람을 움직였던 '구시대의 리더'는 어떻게 자신을 따르게 할 것인가? 아무도 보여 주지 못했던 비전을 제시하며 사람을 설레게 하는 스티브 잡스 같은 사람도 있고, 뛰어난 능력은 없지만 고결한 인덕으로 사람을 따르게 하는 유비현덕 같은 사람도 있을 것이다.

어떤 리더십을 가졌느냐에 상관없이 기본적으로 '당신은 어떻게 조직에 공헌할 것인가'에 대한 답이 필요하다. 단지 나이를 먹고 경험 연수가 길다는 것만으로 거만한 얼굴을 할 수 없는 시대가 오고 있다.

인류 역사에서 어떤 형태든 리더가 없던 사회는 지금까지 존재한 적이 없었을 것이다. 다른 점이 있다면 그것은 바로 리더 선출의 요건이다. 완력이나 무력, 혈통, 때로는 돈, 계급 혹은 미신적 두려움과 종교적 권위 등 다양한 요건에 기대어 리더가 만들어졌다.

그렇다면 평등 사회에서는 어떻게 해야 리더가 되는 것일까?

– 야마모토 시치헤이山本七平, 《인망의 연구》

출세가 곧 능력이라는
위험한 사고방식

'연장자는 훌륭하므로 존중해야 한다'라는 생각이 결과적으로 쇠퇴한 아저씨를 만든다고 지적했다. 이에 대해 '조직의 상층부까지 출세한 사람은 역시 능력이 출중할 테니 존중해야 하지 않나'라고 반론할지도 모른다. 그러나 그것은 잘못된 생각이다. 실적이나 능력과 승진이 어떻게 연관되어 있는지에 대해서 과거에 광범위하고 조직적인 조사가 이루어졌다. 결론부터 말하자면 조직에서의 지위는 실적이나 능력과 관계가 없다.

예정설을 생각하면 이해하기 쉽다. 예정설이란, 개신교의 교리에서 신의 구제를 받는 것은 미리 정해져 있으므로 이 세상에서 선행을 쌓았다거나 악행을 거듭했다고 해서 바뀌지 않는다는 이론이다.

필자의 저서 《철학은 어떻게 삶의 무기가 되는가》(다산초당, 2019)에서 대부분 기업의 인사 평가는 예정설 같은 것으로, 누가 높은 평가를 받을지는 처음부터 정해져 있고 여기에 평가 제도가 장단을 맞추어 가식적으로 운영되고 있다고 지적했다. 그리고 실제로 여러 연구 결과가 이 사실을 뒷받침한다.

스탠퍼드 대학 경영대학원에서 조직 행동론을 강의하는 제프리 페퍼Jeffrey Pfeffer는 그의 저서 《권력의 기술》(청림출판, 2011)에서 조직 내에서 출세하여 권력을 잡은 사람은 우수해서가 아니라 야심이 있고 정치적으로 행동했기 때문이라고 설명했다. 또한 실적과 승진의 관계에 대해서는 지금까지 많은 조직적인 조사를 했지만 일하는 태도나 능력이 승진과 인사 평가에 그다지 영향을 미치지 않는 것으로 나타났다고도 덧붙였다.

페퍼의 지적을 좀 더 노골적인 표현으로 바꾸어 보면 '출세한 사람은 권력 지향적이고 정치적으로 상사에게 아부를 잘한다'라는 말이다. 즉, '출세한 사람을 공경해야 한다'라는 명제를 바꾸어 말하면 '권력 욕구가 강하고 아부를 잘하는 사람을 존중해야 한다'라는 소리다. 많은 사람이 이 명제에는 동의하지 않을 것이다.

연장자의
본질적 가치란 무엇인가

　지금까지 호프스테더의 권력 간격 지수 등을 근거로 '연장자를 존중해야 하는가'라는 문제를 검토했다. 이제부터는 사고의 범위를 조금 넓혀서 살펴보도록 하자.

　권력 간격의 문제를 생각할 때 짚고 넘어갈 점은 '연장자를 공경해야 한다'라는 사회적 규범에 대해 민족 간 차이는 확실히 존재하지만 급진적으로 '연장자를 공경할 필요는 없다'라고 생각하는 민족은 없다는 사실이다. 어떤 사회든 이 규범을 부정하지는 않는다. 이렇게 넓은 범위에서 오랫동안 인정받고 있다는 것은 이 규범이 진화론적으로 합리적이라고 생각할 수 있다. 도덕이나 규범은 인위적으로 설정한다고 해서 두루 통용되지는 않기 때문이다.

예를 들어 서구 사회에 내재된 기독교적 도덕은 인위적으로 형성된 도덕성이 침투한 결과처럼 보일지도 모른다. 하지만 실제로는 고대 이래 수많은 종교가 나타나 독자적인 규범이나 도덕성을 제창해 온 가운데, 결과적으로 기독교가 제시하는 규범과 도덕성이 사라지지 않고 널리 보급되었다고 생각하는 것이 자연스럽다. 즉, 도덕이나 규범은 생물처럼 진화하는 것이다.

그럼 연장자를 공경해야 한다는 규범은 어떻게 도태를 뚫고 지금까지 광범위하게 침투할 수 있었을까? 여기에서 '연장자가 사회나 공동체에서 가지고 있던 본질적인 가치가 무엇이었는가'라는 문제에 대해 생각해 보자.

데이터베이스로서의
역할

인류는 탄생부터 20세기 전반까지의 긴 시간 동안 라이프 스타일이 크게 변하지 않는 시대를 살아왔다. 그 속에서 연장자가 갖고 있는 과거의 경험은 문제를 대처할 때 필요한 믿음직한 지혜였다. 젊은 사람들에게는 처음 마주하는 새로운 문제일지라도 연장자에게는 이미 경험한 일이기 때문이다.

어떤 대처가 좋았고 어떤 대처가 나빴는지에 대한 지식은 공동체의 존속에 몹시 중요했을 것이다. 여기에 온 세상이 오랜 세월 동안 '연장자는 존경해야 한다'라는 규범을 공유한 이유가 있다. 즉, 원시 시대부터 정보 혁명까지의 긴 시간

동안 조직과 공동체에서 연장자는 일종의 데이터베이스였던 것이다.

축적되는 경험과 지식의 양은 시간의 길이에 따라 결정된다. 다시 말해, 오랜 시간을 산 연장자는 경험과 지식의 양이 젊은 사람보다 많기 때문에 존중받은 것이다. 그들을 소홀히 하면 그 조직과 공동체의 문제 해결 능력은 저하될 수밖에 없었다.

그런데 20세기 후반 이후에 그 가치를 크게 훼손하는 세 가지 변화가 발생한다.

연장자의 가치를 떨어뜨리는 요인 ①
빨라진 사회 변화의 속도

연장자의 가치를 떨어뜨리는 세 가지 요인 중 첫 번째는 '사회 변화의 속도'이다.

원시시대부터 20세기 전반 정도까지의 긴 기간 동안 사람의 라이프 스타일이나 사회 구조는 매우 천천히 바뀌었다. 그런데 20세기 후반 이후, 단 수십 년 혹은 수년이라는 단위로 큰 변화가 이뤄지고 있다.

이러한 상황이 되면 연장자가 오랜 기간을 걸쳐 축적해 온 경험이나 지식은 조직이나 공동체에서 가치가 떨어진다. 왜냐하면 마주한 문제가 연장자에게도 젊은 층에게도 새로운 문제일 텐데 문제 해결의 능력은 오히려 젊은 층이 더 우수하기 때문이다.

문제 해결의 접근법에는 크게 '랜덤(직감으로 답을 얻음)', '휴리스틱(경험에서 답을 얻음)', '옵티멀(논리로 답을 얻음)'의 세 가지가 있다. 이를 앞서 언급한 헨리 민츠버그의 경영의 3요소 즉 예술, 기술, 과학에 대응하면, 직감을 이용하는 '랜덤'은 예술에, 경험적 지식을 이용하는 '휴리스틱'은 기술에, 분석과 논리에 의해 최적의 답을 구하려고 하는 '옵티멀'은 과학에 각각 해당된다.

이 중 과거와 유사한 사례가 있다면 기술이 효과적인 접근법일지도 모르지만, 마주한 문제가 새로운 것이라면 경험에 따라 해답을 창출하는 기술적 접근법은 효율적이지 않다.

다음은 예술이나 과학의 차례지만 쉽게 예상할 수 있듯이 이 둘을 얼마나 잘 다루는지는 연령과 별로 관계가 없다. 오히려 대담한 직감이나 치밀한 분석·논리는 전반적으로 젊은 사람이 더 자신 있어 하는 경우가 많다.

유동적 지능과 결정적 지능

지성과 연령의 관계에 대한 여러 연구가 있는데, 여기에서는 대표적인 심리학자 카텔Cattell의 유동적 지능과 결정적 지능에 대해 살펴보자.

카텔의 논리에 따르면 유동적 지능이란 추론, 사고, 암기, 계산 등 분석과 논리에 기초하여 문제를 해결할 때 이용되는 지능이다. 반면 결정적 지능은 지식이나 지혜, 경험치, 판단력과 같이 경험이나 축적된 지식에 기초하여 문제를 해결할 때 이용되는 지능이다.

여기서 중요한 점은 두 가지의 지능이 절정에 이르는 연령에 차이가 있다는 것이다. 다음 페이지의 표5를 보면 유동적 지능의 절정은 20세 전후이며 나이가 들어감에 따라 감소한다. 한편 결정적 지능은 성인이 된 다음에도 계속 높아져 60세 전후에 절정을 맞이한다. 예전부터 60세 전후의 장로가 영향력 있는 발언권을 갖고 모두로부터 존경 받는 이유가 여기에 있다고 생각하면 이해하기 쉽다.

축적된 경험으로 발휘되는 결정적 지능이 60세 전후에 절정을 이룬다면 연장자는 조직이나 공동체에서 매우 중요한 존재일 수밖에 없다. 새로운 문제는 유동적 지능이 뛰어난 젊은이들이 해결하고 직감이 통용되지 않는 복잡한 문제는 경험치가 높은 장로가 해결하는 형태로 역할을 분담하여 조

표5 유동적 지능과 결정적 지능이 절정에 도달하는 연령의 차이

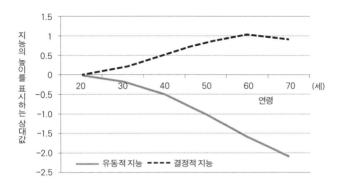

20세의 평균값을 0으로 하여 연령에 따른 지능 변화를 표로 나타냈다.

출전:니케이스타일
http://style.nikkei.com/article/DGXMZO79123750R31C14A000000
아래 2개의 논문을 바탕으로 스와도쿄이과대학 시노하라 기쿠노리 교수가 작성함.
Horn JL, et al. Acta Psychol(Amst),1967;26(2):107-29.
Baltes PB, et al. American Psychologist, 2000 Jan;55(1):122~36.

직이나 공동체를 유지했을 것이다.

그러나 앞서 말했듯, 현대 사회는 몹시 변화가 빨라 10년이면 강산이 바뀌는 세상이 되었다. 이 책을 집필한 2018년부터 과거를 되돌아보면 스마트폰의 효시가 된 애플의 아이폰이 등장한 것이 고작 20년 전 2007년 1월이다. 당시만 해도 빅데이터나 인공지능, 혹은 블록체인이나 가상통화에 대한 이야기가 거의 논의되지 않았다는 것을 생각하면 고작 10년 만에 풍경과 역학이 크게 변화하는 세상에 살고 있다는 것을 새삼 실감할 수 있다.

이러한 시대에 과연 50년 전의 경험이나 지식이 새롭게 발생하는 문제를 대처할 때 정말로 유효한 지혜가 될 수 있을까? 의구심이 드는 게 당연하다.

연장자의 가치를 떨어뜨리는 요인 ②
정보의 보편화

연장자의 가치를 떨어뜨리는 두 번째 요인은 '정보의 보편화'이다.

연장자의 본질적 가치가 데이터베이스였다는 것은 다시 말해 그들이 가지고 있던 정보야말로 가치의 원천이라고 할 수 있다.

인류에게 정보는 오랜 기간 물리적인 것으로 존재했다. 정보를 얻으려면 그 정보가 기재되어 있는 물건(석판이나 목간, 혹은 구텐베르크 이후라면 정보가 기재된 종이)을 손에 넣어야만 했다. 그러나 종이나 서적처럼 물리적인 것 자체가 희소했던 시대에는 때에 맞춰 필요한 정보에 접근하는 것이 어려웠다. 그만큼 과거의 다양한 정보를 기억하고 있는 연장자의 뇌는 귀중한 데이터베이스였다.

이러한 시대가 원시 이래 아마 몇 만 년이나 계속되었으니 연장자가 공동체에게 귀중한 정보의 담당자이고 공경의 대상이 된 것은 거의 본능에 가깝다. 연장자를 공경하지 않는 공동체는 상대적으로 생존율이 낮았을 것이라 예측할 수 있기 때문이다.

어렵고 큰 문제를 해결하는 데는 노인의 지혜가 필요하다?

일하지 못하는 노인을 버리는, 이른바 우바스테야마姥捨山*의 전설은 전 세계에 존재한다. 기본적으로 이 전설은 두 가지 형태로 나뉜다.

한 가지는 자식이 나이든 부모를 산에 버리려 하는데 노부모는 자식이 돌아가는 길에 헤매지 않도록 나뭇가지를 떨어뜨려 길 안내를 해주었고, 이를 깨달은 자식이 부모에게 고

● 역주−나가노현에 있는 산 이름. 늙은 숙모를 친어머니처럼 봉양하던 사람이 결혼 후 아내의 권유에 못 이겨 이 산에 버렸으나 안쓰러워 다시 데려왔다는 전설로 우리나라 고려장과 같은 의미이다.

마음을 느끼고 다시 모셔가는 이야기이다. 다른 한 가지는 야마스테쿠니 설화로, 노인을 고려장하는 인습이 있는 나라에 어려운 문제가 발생했는데 산에 버리지 않고 숨겨놓은 어느 노부모가 이를 해결해 왕이 노인의 지혜가 귀중함을 인정하여 노인을 공경하는 국가를 만들었다는 이야기이다.

특히 후자인 '어려운 문제 해결'의 형태는 인도가 기원으로 아시아와 유럽에 광범위하게 퍼져 고대부터 존재했다. 즉, '노인의 지혜는 공동체가 존속하는 데 중요하다'라는 가치관을 깨우치는 전설이 고대 이래 여러 문명으로 계승되어 왔다.

우리는 생활 속에서 여러 가지 문제를 마주하게 되는데 그 발생 빈도는 일정하지 않다. 매일 일어나는 문제도 있고 수십 년에 한 번 일어나는 이른바 '블랙스완° 문제'도 있다.

최근에 일어난 일을 예로 들자면 리먼 쇼크와 같은 대규모 경제 공황이나 동일본 대지진 같은 재해는 수십 년에 한 번밖에 일어나지 않지만 한 번 일어나면 괴멸적인 충격을 안긴다.

고대 이래 많은 문명에서 야마스테쿠니의 이야기가 연면

● 역주─월가 투자전문가인 나심 니콜라스 탈레브가 서브프라임 모기지 사태를 예언하면서 사용한 용어로 '도저히 일어날 것 같지 않은 일이 일어나는 것'을 말한다.

히 전해져왔다는 것은 매일 일어나는 사소한 문제에서는 젊은이든 연장자든 문제 해결 능력에 차이가 없지만 극히 드물게 발생하는 큰 문제에 대해서는 연장자가 축적한 경험이 높은 문제 해결 능력을 가진다는 교훈을 강조해 온 증거라고 할 수 있다.

그러나 지금은 정보의 보편화가 엄청난 기세로 진행되고 있다. 구글은 '정보를 완전히 정리해서 전 세계 누구나 접근할 수 있도록 하겠다'라는 목표를 이루기 위해 노력하고 있다.

과거의 사건이나 사고 기록이 모두 상세히 기록되어 모두가 언제 어디서나 접속할 수 있는 사회가 도래하면 지금까지 귀중한 정보를 유지하는 데이터베이스로서 존중받아 온 연장자의 가치는 떨어지는 게 당연하다.

연장자의 가치를 떨어뜨리는 요인 ③
수명의 연장

　마지막으로 연장자의 가치를 떨어뜨리는 세 번째 요인은 '수명의 연장'이다.

　평균 수명이 짧았던 시대에는 장수하는 사람이 극히 소수였다. 극소수의 노인이 극히 드물게 발생하는 큰 문제에 대한 경험을 갖고 있다면, 이러한 연장자가 공동체 안에서 존중을 받는 것은 매우 당연하다. 정보에 대한 수요와 공급의 측면에서 보자면, 수요가 매우 많은 상황이다.

　그런데 20세기 후반 이후에는 의료나 식량 사정의 개선으로 평균 수명이 비약적으로 늘어나 장수하는 사람이 많아졌다. 이로써 개개인이 갖고 있는 경험이나 지식의 중요성은 상대적으로 줄어들 수밖에 없다. 공급이 많아졌기 때문이다.

커다란 변혁이 필요해진
사회 시스템

지금까지 공동체에서 연장자의 가치가 어떻게 생기고 왜 쇠퇴하는지에 대해 고찰했다. 오해를 막기 위해 짚고 넘어가고 싶은 점이 있다. 필자는 지극히 고전적인 도덕관의 소유자이므로 공리적인 측면이 아니라 도덕적 규범으로서 '연장자는 공경해야 한다'라고 생각한다.

오래 살았다는 것은 긴 기간 동안 슬픔을 쌓아 온 것이다. 그런 경험을 쌓아온 사람에 대해 애석하다고 느끼는 것은 인간으로서 지극히 자연스러운 일이며 그러한 감정을 가지지 않는 사람에게는 솔직히 말해 당혹감을 넘어서 불쾌한 마음도 든다. 따라서 여기서 지적한 세 가지 요인은 개인적인 규범은 일단 미뤄두고 가치가 발생하는 메커니즘과 그 가치가 훼손되는 환경적 변화를 중점으로 중간자적인 입장에서 살펴본 것이다.

왜 이러한 고찰을 했는가 하면 이 점은 우리가 건전한 사회나 공동체를 형성하고 유지해 나가는 데 중대한 쟁점이 되리라 생각하기 때문이다.

연장자를 존중하고 중요하게 여기는 사회나 공동체가 되어야 젊은이도 중년도 미래를 긍정하면서 일도 하고 세금도 내지 않을까?

우리의 사회 시스템은 기본적으로 연장자일수록 능력도 견식도 높고 그래서 지위와 보수 또한 높다고 하는 전제 위에 성립되어 있다. 그러나 이미 고찰한 것처럼 '연장자일수록 능력과 경험이 우수하다'라는 전제는 이미 성립하지 않는다.

하지만 연장자라고 해서 특별히 능력이나 경험이 뛰어나지 않고 오히려 젊은이가 낫다고 많은 사람들이 생각하게 되면 현재의 사회 시스템과는 큰 충돌이 일어날 수밖에 없다.

다음 장에서는 이 문제에 대해 살펴보도록 하자.

어른이라고 지혜로운 것이 아니요,

노인이라고 정의를 깨닫는 것이 아니다.

– 《구약성서》 중 〈욥기〉

제6장

서번트 리더십
– 지배형 리더십에서 벗어나기

서번트 리더십의
시대로

지금까지 살펴본 대로 우리의 수명은 계속 연장되어 가까운 장래에는 100세 시대가 될 것이다. 그리고 여러 가지 환경 변화로 지적 성능의 절정기가 점점 앞당겨지고 있다. '이런 상황에서 연장자가 조직이나 사회에 할 수 있는 공헌은 무엇인가?'라는 질문이 부상한다. 간단히 대답하자면, 바로 '서번트 리더십의 발휘'이다.

서번트 리더십은 원래 미국의 학자인 로버트 그린리프 Robert Greenleaf가 제창한 개념이다. 그린리프는 커리어의 대부분을 통신 회사 AT&T에서 쌓으면서, 매니지먼트와 리더십에 대한 연구를 계속해 그때까지 미국에서 우세했던 '지배형 리더십'이 더 이상 기능하지 않는 시대가 온다고 지적했다. 그리고 대안으로써 권력을 내세우지 않고 부하 직원들을 지원하는 리더십, 즉 서번트 리더십이라는 개념을 제창했다.

그 후 그린리프는 AT&T를 조기 퇴직하여 교육 컨설턴트로서 제2의 인생을 걷기 시작해 60세 때 응용 윤리 연구 센터를 설립했다. 그리고 1990년 사망 직전까지 하버드를 시작으로 대학 강의나 집필을 통해서 서번트 리더십을 보급하고자 노력했다.

그린리프가 제창한 모델은 현재도 높이 평가되고 있다. '학습하는 조직' 연구의 1인자인 피터 센게Peter Senge는 그린리프의 저서 《서번트 리더십》(참솔, 2006)에 대해 '리더십을 진심으로 배우려는 사람이 읽어야 할 단 한 권의 책'이라고 평가했다.

패러럴 커리어의
시작

그린리프의 인생 자체가 앞으로 시니어들이 가져야 할 본연의 자세이다. 그린리프는 AT&T라고 하는 대기업에서 일하는 동안 아마추어 연구자로서 '이제부터의 리더십'에 대해 고찰하곤 했다. 이것이 패러럴 커리어parallel career(본업을 가지면서 다른 활동을 병행하는 것)의 시작이라고 말할 수 있다.

패러럴 커리어에서 중요한 것은 위험 부담과 보상의 성질이 다른 일을 조합하는 것이다. 큰 보상을 바라기는 어렵지만 안정적인 일과 보상은 크지만 불안정한 일을 조합하는 것으로, 하방 리스크는 최소한으로 억제하면서 상방 리스크는 유지하는 전략이다. 그린리프의 경력은 그 점에서 이상적인 조합의 예라고 할 수 있다.

덧붙이자면, 지적 발달의 측면도 빠뜨릴 수 없다. 대기업에서 근무하다 보면 자칫 지적 자극이 적고 경험의 질이 낮아질 가능성이 있다. 이때 매니지먼트와 리더십 연구를 위해 항상 읽고 생각하고 쓰는 행위를 계속하면서 범용성이 높고 시대에 뒤떨어지지 않는 결정적 지능을 계속 구축한 것이다.

그 고찰 끝에 서번트 리더십이라는 콘셉트에 도착한 그린리프는 AT&T를 조기 퇴직하고 자신의 자리를 후배들에게 물려준다. 그 후 자신이 가치 있다고 생각하는 서번트 리더십의 보급을 필생의 사업으로 삼아 연구소를 설립하고 강연과 집필을 하며 바쁘지만 충실한 시간을 보냈다.

그린리프는 안정된 직업 속에서 지적으로 나태한 생활에 빠지지 않고 배우는 일을 게을리 하지 않았다. 그리고 그 결과로 얻은 '지혜'를 나누는 것에 남은 인생을 바쳤다. 이것이야말로 이상적인 3단계를 보내는 방법이다.

지배형 리더와
서번트 리더의 차이

그린리프가 주장한 서번트 리더십이란 과연 무엇인가?

다음 페이지의 표6은 지배형 리더와 서번트 리더의 차이점을 정리한 것이다. 지배형 리더의 항목을 보면 기존의 관리직 이미지이다. 이러한 리더십이 더 이상 제대로 기능하지 않게 될 것임을 1960년대에 이미 지적한 그린리프의 혜안이 놀라울 따름이다.

양쪽의 대비를 보면 금방 알 수 있듯이, 지배형 리더는 자신의 경험에 근거하는 유능함을 전제로 한다. 부하 직원보다 경험과 지식 면에서 우수하기 때문에 자신은 판단하여 명령하고, 직원은 명령에 따라 실행하는 것이 당연하다는 것이다. 그러나 이 모델은 환경이 격렬하게 변화해 과거의 경험이나 업무 지식이 머지않아 쓸모없어지는 시대에는 제대로 기능하지 못한다.

지배형 리더가 과거의 지식이나 경험에 빠진 채 현장의 실정과 동떨어진 지시를 일방적으로 한다면 조직의 사기는 떨어지고 부하 직원들은 '무엇을 말해도 소용없다'라며 무기력

표6 지배형 리더와 서번트 리더의 비교

	지배형 리더	서번트 리더
동기 부여	큰 권력을 누리고 싶다	지위와 상관없이 남에게 봉사하고 싶다
중시하는 것	경쟁에서 이겨 자신이 칭송받는 것	협력하여 목표를 달성하고 모두가 윈윈하는 것
부하에게 영향력을 발휘하는 방법	권력을 사용하여 부하가 두려워하게 만듦	신뢰 관계를 쌓고 부하의 자주성을 중시
커뮤니케이션 방법	부하에게 설명하고 명령한다	부하의 이야기를 신뢰한다
업무 수행 방법	자신의 능력을 갈고 닦아 그 자신감을 근거로 지시함	코칭, 멘토링을 통해 부하와 함께 배움
성장에 대한 생각	사내에서 이익을 챙겨 자신의 지위를 높이며 성장하는 것	개인의 동기 부여를 중시 여기고 조직의 성장과 조화시킴
책임에 대한 생각	실패할 경우 담당자에게 벌을 주기 위한 것	책임을 명확히 하고 실패로부터 배우는 환경을 만듦

출전: Ann McGee-Cooper, Gary Looper, *The Essentials of Servant-Ledaership: Principles in Prateces*, Pegasus Communications, 2001

한 상태에 빠지게 될 것이다.

그린리프의 예언대로 더 이상 '현장에서의 경험과 지식이 관리직의 권위를 받쳐주지 않는 시대'인 것이다. 20세기 후반부터 현재에 이르기까지 많은 기업에서 심심치 않게 볼 수 있는 현상이다.

필요한 것은
리더십 패러다임의 전환

　환경의 변화에 따라 업데이트하지 않아서 쓸모없어진 관리직의 지식이나 경험은 불량 자산이 된다. 이 '썩은 지식'을 바탕으로 부하 직원에게 지시를 내리고 그 지시대로 부하가 움직이면 조직의 생산력은 저하되고 결국 관리직으로서 성과에 대한 책임을 추궁당할 것이다. 반대로 부하가 지시를 무시하고 마음대로 움직이면 '바보 같은 부하들이 말도 안 듣는다'라며 불만을 느낄 것이다. 어느 쪽이든 강한 스트레스를 받는 상황이다.

　지금의 아저씨들은 '괜찮은 대학을 나와 적당히 일하면

잘 살 수 있다'라는 희망 속에서 젊은 시절을 보냈다. 하지만 현실은 괜찮은 대학을 나와 적당하게 일하고 있지만, 가정과 회사에서 존중받지 못하고 방해물 취급이나 받을 뿐이다. 그런 원인을 제공한 사회에 원한을 갖게 되는 것도 어찌 보면 이상하지 않다. 심지어 교통 기관이나 의료 시설처럼 고객이라는 상대적 우위에 선 장소에서 술을 계기로 폭발한다면 비참해보이기까지 한다.

이 문제를 해결하기 위해서는 '지배형 리더십'이라는 틀에서 벗어나야 한다. 리더는 인격, 견식, 지식, 경험의 모든 것에서 부하보다 뛰어나다는 고정관념부터 버려야 한다. 그리고 리더는 부하에게 지시와 명령을 내리고 부하는 지시와 명령을 실행한다는 기존의 조직 모델을 새롭게 고쳐 쓰는, 말하자면 리더십 패러다임에 변화를 일으킬 필요가 있다.

서번트 리더십의 열쇠는
젊은 층이 쥐고 있다

앞으로 연장자의 존재 의의는 서번트 리더십의 발휘에 달려 있다. 이렇게 말하면 서번트 리더십의 책임이 일방적으로 아저씨에게 있는 것처럼 보일 지도 모른다. 절반은 맞는 말이다. 당연히 아저씨들이 지금까지 이어온 지배형 리더십의 패러다임에서 벗어나 조직이나 사회에서 자신의 존재에 대한 의의를 새롭게 인식할 필요가 있기 때문이다.

그러나 아저씨들이 리더십에 대한 인식을 바꾸고 서번트 리더십을 발휘하면 상황이 달라질까? 핵심 열쇠는 젊은 층이 쥐고 있다. 그들이 어떻게 반응하느냐에 따라 결과가 달라질 것이기 때문이다.

　서번트 리더십의 키워드는 '지원'이다. 리더십을 발휘해 주도권을 가지려는 청장년층에게 연장자가 가능한 인맥, 돈, 지위를 '지원한다'는 것이 서번트 리더십의 핵심이다. 다시 말해 서번트 리더십은 주도권을 쥐고 활동하려는 청장년층의 존재를 전제로 한 모델이므로 이러한 젊은 층이 출현하지 않는다면 아저씨도 서번트 리더십을 발휘하기 어렵다.

　권력을 갖고 있는 연장자의 우산 아래에서 적당히 시간을 보내면 언젠가 좋은 지위에 오를 것이라고 안일한 생각을 하고 있는 조직에서는 연장자도 서번트 리더십을 발휘할 수 없는 것이다.

　사람들은 리더십이 개인의 속성이라고 착각하는 경향이 있다. '저 사람은 논리 사고에 능하다'라든지 '저 사람은 프레젠테이션을 잘한다'라는 평은 개인의 능력을 언급하는 것이다. 비슷한 뉘앙스로 '저 사람에게는 리더십이 있다'라고 말하지만, 이는 올바른 표현이 아니다. '주변 사람들이 그 사람에게 리더십을 느끼고 있다'라고 해야 옳다. 리더십은 개인의 속성이 아니라 관계에 관한 개념이기 때문이다. 그러므로 리더가 바뀌는 것만으로 리더십은 변하지 않는다. 리더십이

근본적으로 변하기 위해서는 리더와 팔로워가 함께 변화해야 한다.

서번트 리더는
바보라도 상관없다

　서번트 리더십을 발휘하기 위해서 고도의 지성이나 기술은 필요 없다. 쉽게 말하자면 포용력만 있으면 서번트 리더는 '바보라도 상관없다'라는 말이다.

　남극 탐험대를 조직한 시라세 노부와 이를 지원한 오쿠마 시게노부의 관계를 확인해 보자. 국제 관계의 긴장 속에서 자원 확보가 중요함을 절감하고 있던 시라세 노부 중위는 그때까지 어느 나라도 손대지 않았던 남극에 주목했다. 그러고는 재빨리 탐험대를 보내 답사하는 기획을 제안한다. 당시 영국과 노르웨이도 같은 계획을 세운 것을 생각하면 시라세 중위의 아이디어는 실로 국제 감각이 뛰어난 것이었다. 유감스럽게도 이 제안은 문자 그대로 '말도 안 되는 일'이라고 치부되어 결국 '시라세는 남극에 가는 것보다 병원에 가야 한다'라는 야유를 받았다.

그런 와중에 이 제안에 흥미를 보인 큰 인물이 나타난다. 바로 와세다 대학 설립자인 오쿠마 시게노부. 오쿠마는 주위로부터 정신 나간 사람 취급을 받으며 기피 대상이 된 시라세의 제안에 흥미를 보이며 남극 탐험을 실현할 수 있도록 분주히 움직인다.

그의 지원은 단순한 수준이 아니었다. 예를 들어, 남극으로의 출발이 용선 문제로 지연되었을 때 지인을 자택에 초대해 시라세와 함께 설득하거나 남극 탐험 후원회를 발족시켜 정재계나 신문사 등 각 방면으로 지원을 호소하는 등 확실한 인맥·금맥을 총동원해 시라세의 주도권을 받쳐주었다. 즉, 아주 높은 수준의 서번트 리더십을 발휘한 것이다.

이 이야기를 통해 얻을 수 있는 진정한 교훈은 다음에 있다. 이윽고 시라세의 염원이 이루어져 남극 탐험을 위해 출항할 때, 오쿠마 시게노부는 시라세에게 다음과 같은 충고를 한다.

"남극은 지구의 최남단에 있소. 말레이 군도도 매우 더운데, 남극은 더 더울 것이오. 더위 먹지 않게 조심하시게."

이 말을 들었을 때 시라세 중위의 기분은 어땠을까. 기록에 남지 않았기 때문에 상상할 수밖에 없지만 꽤 복잡한 마음이었음에 틀림없다.

그토록 열심히 자신의 탐험 계획을 지원해 준 사람이지만, 남극이 어떤 장소인지 전혀 몰랐다는 사실. 그러나 몰라도 상관없다. 즉, 서번트 리더십을 발휘할 수 있느냐의 문제와 구체적인 지식이나 기술을 아느냐의 문제는 전혀 다른 것이며, 특히 후자에 대해 무지하더라도 서번트 리더십은 충분히 발휘 가능하다는 것이다.

지원하고 밀어주는
담대한 인물의 결여

앞 에피소드에 대해 일찍이 쇼와 기지 남극 월동대장이었던 니시보리 에이자부로는 '혁신에는 거물과 바보가 필요하다. 어마어마한 것을 생각하는 쪽이 바보이고 이것을 지원하는 쪽이 거물'이라고 지칭한 다음, 일본에서 혁신이 정체하고 있는 이유는 '어마어마한 것을 생각하는 바보들은 많지만, 이것을 지원하려고 하는 큰 인물이 없다'라고 거듭 말했다. 게다가 '거물이 우수할 필요는 없다. 시라세 중위를 지원한 오쿠마 시게노부는 남극이 더우니 더위를 조심하라고 조언할 정도의 바보였다'라고 덧붙였다.

즉, 일본에서 혁신이 좀처럼 일어나지 않는 것은 터무니없는 것을 생각하는 젊은이가 적어서가 아니라 이를 크게 지원할 수 있는 거물의 서번트 리더십이 부재하기 때문이라는 것이다.

요즘 일본이라면 아마 시라세 중위의 계획을 정밀 조사한 다음 잘못된 지식이나 경험을 토대로 '그것은 어떻게 되어 있나, 여기는 어떻게 할 것인가'라며 쓸데없이 세세한 리스크를 파악한 다음, 결국 "시기가 너무 이르네. 새로운 검토를 계속해 주게"라며 무시할 것이 틀림없다.

리더란 본디 부하보다 지식이나 경험이 풍부해서 더 나은 의사결정을 할 수 있다고 생각하기 때문이다.

빛나는 성과를 이끌어낸
서번트 리더십

일본이 완수한 혁신 가운데 후세에 가장 풍부한 열매를 남긴 것이 무엇이냐고 물으면 반드시 리스트의 상위에 드는 사례가 있다. 바로 도카이도 신칸센이다.

도카이도 신칸센 프로젝트는 서번트 리더십에 의해 실현된 혁신 사례라고 말할 수 있다. 신칸센의 가능성이 논의되기 시작한 쇼와 30년대(1955~1964), 시속 200km로 달리는 탄환 열차는 원리적으로 불가능하다는 것이 철도 전문가의 의견이었다. 당시에는 열차의 탈선 사고가 자주 발생했는데 철도 전문가들은 그 원인이 레일의 왜곡에 있다고 생각했다.

저속 주행에서는 문제가 없지만 고속 주행을 하게 되면 레일 왜곡이 문제가 되어 탈선하기 때문에 시속 200km로 달리는 기차를 만들 수 없다는 것이었다.

이에 반해 이 프로젝트를 위해 항공기 연구에서 전향한 신진 기술자들은 "탈선은 속도를 냈을 때 일어난 진동의 문제이며, 진동 제어를 통해 해결할 수 있다"라고 주장했다.

오랜 세월 동안 철도 기술의 본류를 걸어 온 고참 기술자와 어제까지 항공기를 연구했던 신진 기술자의 의견이 대립할 때, 결론은 뻔했다. 신진 기술자들은 역시 시라세 중위처럼 퇴물 취급을 받으며 당시 일본 국유 철도의 기술 본부가 아니라 하청을 하는 실험 부문으로 쫓겨났다.

그곳에서 아무리 외친다 한들 사태를 타개할 수는 없었다. 직속 상사는 낡은 상식을 가진 고참 철도 기술자들이다. 상사를 설득해서 상부에 제안할 수 있는 기회가 올 리 없었다. 그들은 생각 끝에 '도쿄에서 오사카까지, 3시간의 가능성'이라는 제목의 심포지엄을 열었다. 기사화해 여론을 '신칸센 대망론'으로 유도하는 계책을 생각해낸 것이다.

아니나 다를까 그들은 기사를 눈여겨본 소고 신지, 당시 국철 총재로부터 연락을 받고 국철 총재를 비롯한 간부들 앞에서 같은 내용의 강연을 한 번 더 진행했다. 바로 간부들을 위한 특강이었다.

당시 발흥하는 항공 산업에 비해 철도는 사양 산업이라고 여겨졌다. 항공기로 2시간이면 갈 수 있는 도쿄~오사카 구간을 누가 7시간 동안 흔들리는 열차를 타고 갈 것인가의 문제였다. 철도는 지역 간 이동 수단으로서 존재 의미가 축소되고, 장거리 이동은 항공기가 주류가 될 것이라 믿어졌던 시대의 분위기도 한몫했을 것이다.

하지만 이 강연 이후 소고 국철 총재는 국회 설득, 세계은행에 계약 의뢰 등 국철 총재가 아니면 결코 할 수 없었을 서번트 리더십을 발휘하며 도카이도 신칸센을 실현하기 위해서 맹렬하게 달려들었다.

신칸센 프로젝트에서 기술적인 부분을 증명한 것은 조직 내 젊은 층이었고, 수장인 소고 국철 총재는 인맥과 금맥으로 지원했다. 이처럼 많은 혁신 과정을 자세히 검증해 보면, 주도권을 갖고 움직이기 시작한 젊은 층과 그들을 배후에서 지원하는 서번트 리더의 구도로 이루어져 있음을 알 수 있다. 도카이도 신칸센은 가장 대표적인 사례 중 하나이다.

교양, 결코 쇠퇴하지 않는
결정적 지능

　지적 능력이 절정에 이르는 시기가 빨라지는 사회에서 연장자가 지적 능력의 쇠퇴를 방지하는 방법은 하나뿐이다. 바로 '쇠퇴하지 않는 결정적 지능을 몸에 익히는 것'.

　특히 서번트 리더십을 발휘하여 혈기왕성한 젊은이에게 코칭이나 멘토링을 실시하려면 실무적인 지식보다 본질적인 질문을 던져 깊은 사고를 자극할 수 있는 '교양'이 필요하다. 즉, 10년이 지나 쇠퇴하고 마는 순간의 짧은 지식이 아니라, 몇 십 년이란 기간에 걸쳐서 효과를 발휘하는 지식을 입력해야 하는 것이다.

경제 이론에서는 투자 대상의 가치를 할인율이라는 개념으로 산출한다. 가치를 발휘하는 기간의 불명확함이 증가하면 할인율은 커지고 투자 대상의 현재 가치는 작아진다. 반대로 가치를 발휘하는 기간의 확실성이 증가하면 할인율은 작아지고 투자 대상의 현재 가치는 커진다.

기업이라면 주식 시장의 움직임과 개별 주식의 가격 변동과의 대비에서 변동 리스크를 산출할 수 있지만, 지식의 유효 기간은 어떻게 판단할 수 있을까?

아주 간단한 방법이 있다. 그 지식이 지금까지 활용된 시간으로 판단하는 것이다. 무슨 말인가 하면, 우리는 일반적으로 오래된 것일수록 남겨진 시간이 짧다고 생각한다. 예를 들어, 보험 회사는 70세 남성과 20세 남성을 비교하면서 70세 남성의 남은 생이 더 짧다고 가정한다.

같은 틀을 지식에 적용하여 오래된 지식과 새로운 지식을 비교해 보면, 오래된 지식의 유효 기한이 더 짧다고 생각하기 마련이다. 하지만 여기에는 큰 오류가 있다. 왜냐하면 인간은 유한한 존재이지만 정보는 무한한 대상이기 때문이다.

로제타석rosetta stone에 기록되어 있는 프톨레마이오스 5세의 공덕을 기리는 신관들의 포고문은 전혀 쇠퇴하지 않왔고 당시에 적힌 내용대로 지금도 읽을 수 있다. 즉, 정보는 사라지지 않는다.

사라지는 것과 사라지지 않는 것에서 노화와 여명 사이에 반대 관계가 성립한다. 언젠가 사라지는 것은 하루씩 여명이 짧아진다. 사라지지 않는 것은 하루가 지난다 해도 여명은 오히려 더 길어진다.

한 번에 이해하기 어려우므로 예를 들어 설명해 보겠다. 40세 남성의 남은 수명을 예측하기 위해서는 평균 수명에서 현재의 나이를 빼면 된다. 1년이 지나 이 남성이 41세가 되면 여명은 1년만큼 짧아진다. 반면, 사라지지 않는 것에는 반대의 논리가 성립된다. 50년 전부터 계속 읽혀진 책과 5년 전부터 읽혀진 책이 있을 때 50년 된 책이 더 오랜 기간 읽혀진다고 생각하면 된다. 사라지는 것은 시간이 경과할수록 노화하지만 사라지지 않는 것은 시간이 경과할수록 젊어지는 것이다.

나심 니콜라스 탈레브Nassim Nicholas Taleb는《안티프래질》*(와이즈베리, 2013)이란 책에서 이 현상에 대해 다음과 같

● 역주-antifragile, '충격을 받으면 깨지기 쉬운'이란 뜻인 '프래질(fragile)'의 반대 의미로 나심 탈레브가 만든 용어이다.

이 설명했다.

갓(물리학자인 리처드 갓)은 1993년 5월 17일 브로드웨이 쇼의
일람을 만들었고, 그 시점에서 가장 롱런한 쇼가 마지막까지
살아남고, 그 반대도 성립하리라 예측했다. 그의 예측은 95퍼
센트 옳았다. 그는 어린 시절 대피라미드(5700세)와 베를린 장
벽(12세)을 방문하고선 피라미드가 더 오래 살 것이라 생각했
다. 그 예측은 적중했다.

– 나심 니콜라스 탈레브, 《안티프래질》

탈레브의 이 지적을 그대로 받아들여 생각하면, 변화가 격
렬한 지금과 같은 시대에서 오래 살아남을 지식과 정보를 취
하고 싶다면 그 지식이나 정보가 활용된 기간에 주목해야 한
다. 지금까지 오랫동안 활용되어 온 그 지식이나 정보를 우리
는 '교양'이라고 부르고 있는 것이다.

환경 변화가 심해지면 최신 정보나 지식이 중요하다고 착
각하기 쉽지만, 탈레브는 지식이나 정보는 "새로우면 새로울
수록 효용의 기대치는 작다"라고 말하고 있다.

지식이나 정보의 유효 기간은 점점 짧아진다. 그렇기 때문

에 단단한 지식이나 정보로서 고전으로 대표되는 교양적 지성이 더욱 요구된다.

제 7 장

끊임없는 학습보다 중요한 것은 경험의 질

경험에서 중요한 것은
양보다 질

나이를 먹을수록 유용한 지식이나 경험을 축적할 수 있던 과거와 비교해 현대는 연장자의 가치를 찾기 어려운 시대이다. 그렇기 때문에 노화하지 않는 지혜, 즉 교양을 쌓는 것이 중요하다고 지적했다.

여기에서는 한 발 더 들어가 경험의 질에 대한 문제를 생각해 보자. 인간의 성장은 학습과 깊게 연관되어 있으며, 학습은 경험의 질에 달려 있다. 흔히 '경험이 풍부하다'라고 표현하는데 이는 단순히 경험의 양에 대한 언급이다. 실제 성장하는 데 경험의 양은 그다지 중요하지 않다. 이미 할 수 있는 것을 아무리 반복해도 뇌의 뉴런은 변하지 않기 때문이다.

신경생리학자 제임스 E. 줄James E. Joule은 《뇌 과학이 밝히는 어른의 학습법》(국내 미출간)에서 다음과 같이 지적하고 있다.

사람이 가장 변화하기 쉬운 때는 새로운 경험과 자신이 갖고 있던 기존 이론이 부딪칠 때이다. 그러므로 우리가 교육에 종사하는 사람으로서 할 수 있는 것은 학습자에게 충돌이 일어나는 새로운 경험을 제공하거나 대립하는 새로운 질문을 던지는 것이다.

– 산드라 존슨 외 편저, 《뇌 과학이 밝히는 어른의 학습법》

히토쓰바시 대학의 학장인 역사가 아베 킨야는 "안다는 것은 그것에 의해 자신이 변하는 것이다" 하고 말했는데, 이것은 뇌 과학의 측면에서도 입증이 되었다. 제임스 E. 줄 또한 앞 저서에서 '학습이란 변화하는 것이다'라고 주장했는데 이는 단순한 가설이 아니라 물리적인 사실이다. 실제로 학습을 통해 사람의 뇌가 변한다는 말이다.

성장이 학습과 밀접하게 연관되고 학습이 새로운 경험에

의해 이루어진다고 하면, 우리의 성장은 '새로운 경험의 밀도'에 따라 크게 좌우된다. 반대로 말하면, 같은 일을 같은 동료와 같은 방식으로 반복할 때 언뜻 보면 경험의 양이 증가한 것 같지만 실제로는 그렇지 않다는 말이다. 같은 일을 30년 동안 계속한 사람은 '30년의 경험이 있다'라고 주장하고 싶을 것이다. 하지만 뇌 과학적으로 표현하자면 '1년의 경험을 통해 학습하고, 이후로는 같은 경험을 29년 동안 반복했다'라고 말해야 한다. 경험이란 항상 새로운 깨달음의 계기를 가져와야 하기 때문이다.

이는 다양성의 문제로 연결된다. 같은 일을 같은 동료와 같은 방식으로 반복하는 것은 경험의 다양성을 감쇄시킨다. 여러 가지 일을 여러 사람들과 여러 가지 방식으로 할 때 비로소 경험의 다양성이 양질의 체험을 가져와 학습을 유발한다.

창의적인 연장자는
끊임없이 도전한다

지식의 유효 기간이 점점 단축되는 가운데 결정적 지능을 구축하고 싶다면, 가능한 한 유효 기간이 긴 지식 즉 교양을 익히는 것이 중요하다고 앞서 지적했다. 여기에서는 다른 요소도 언급하려고 한다.

그것은 바로 도전이다. 심리학자 미하이 칙센트미하이 Mihaly Csikszentmihalyi는 경제, 문학, 음악, 예술, 과학 등의 영역에서 유례없는 업적을 남긴 91명의 인물을 대상으로 상세한 리서치를 시행했다. 이들의 창조성이 어떤 사고방식, 행동양식과 관련되어 있는지를 조사하여 그 결과를《창의성의 즐거움》(북로드, 2003)이라는 책으로 정리했다.

칙센트미하이에 따르면, 이렇게 드문 업적을 남긴 사람들은 고령이 되어도 창조성을 계속 유지한다는 두드러진 특징을 가지고 있다.

아래 발췌문을 살펴보자.

우리의 연구 협력자들도 생산력이 떨어지지 않는다. 오히려 만년에 생산성이 향상되었다. 91세인 라이너스 폴링은 70세부터 90세 사이에 출판한 논문 수가 그 이전 20년과 비교해 2배나 된다고 말했다. (중략)

설문자들은 대체로 50대에서 70대, 혹은 60대에서 80대 사이에 큰 변화가 있었다고 생각하지 않았다. 일하는 능력은 손상되지 않았을 뿐만 아니라 목표는 지금까지와 다름없으며 업적의 질과 양은 과거와 비교해 거의 손색이 없다고 느끼고 있었다. (중략)

노년기에 대해 우리가 일반적으로 갖고 있는 어두운 평가를 전제로 한다면 어떻게 이런 일이 일어나는 것일까?

– 미하이 칙센트미하이, 《창의성의 즐거움》

어떻게 나이가 들어서도 창조성을 계속 유지할 수 있을까. 칙센트미하이는 도전의 중요성을 이야기한다.

다시 책으로 돌아가자.

왜 이런 사람들이 우리가 예상하는 것보다 나이가 드는 것을 더 긍정적으로 생각하는지 이해하기 쉽다. 그것은 그들 개개인이 비록 최종적으로는 도달할 수 없는 일일지라도 흥미롭고 보람 있는 일에 아직도 깊이 관여하고 있기 때문이다. 정상에 도달하여 놀라움과 함께 장대한 경치를 둘러본 후, 가까이에 있는 더 높은 산 정상을 보고 기뻐하는 등산가처럼, 이러한 사람들은 결코 자극적인 목표를 잃지 않을 것이다. (중략)

연구 협력자에게 현재 도전하고 있는 것은 무엇인지, 어떤 목표에 가장 많은 에너지를 사용하는지에 대해 말해 줄 것을 요구했다. 대답에는 모두 열의가 깃들어 있었고, 그 사람이 현재 관계하고 있는 상황을 상세하게 전하고 있었다.

- 위의 책

창조적인 사람들은 항상 목표를 설정하고 계속 도전한다. 그렇기 때문에 노령이 되어서도 지적 능력을 높은 상태로 유지한다는 것이 칙센트미하이의 주장이다. 칙센트미하이의 조사 대상인 '창조적인 사람들'은 인생에서 달성하고 싶은 목표와 도전해야 할 과제를 명확하게 설정했으며, 그것에 대해 언제까지나 계속해서 이야기할 수 있는 정열을 가지고 있었다. 또한 수행해야 할 과제를 완수하기 위해 날마다 학습을 게을리하지 않았다.

그렇다면 현재 아저씨들은 어떨까? 대부분의 아저씨들은 이상도 없이 일상의 연장선상에서 물 흐르듯 살고 있을 뿐이다. "현재 도전하고 있는 것은 무엇인가?"라고 물으면, 30초 안에 대답할 수 없는 사람이 많을 것이다. 이런 일상을 수십 년에 걸쳐 반복하다 보면 지적 능력이 떨어지는 것은 당연한 일이다.

시간이 빨리 가거나 늦는 것을 눈치 채지 못할 때, 사람들은 대체로 행복하다.

– 이반 세르게예비치 투르게네프Ivan Sergeyevich Turgenev,

《아버지와 아들》

직장에서의 좋은 경험이
개인 성장의 핵심

　의도적으로 새로운 경험을 시도하지 않으면 학습은 정체되고 성장은 멈추어 버린다. 같은 일을 같은 방식으로 10년 반복했다 하더라도 그것은 10년의 경험으로 축적되지 않는다. 단 1년의 경험을 몇 년이나 반복하고 있는 것에 지나지 않는다. 현재 쇠퇴한 아저씨의 상당수는 유감스럽게도 그 결과로서 현재와 같은 상황에 빠져 있는 것이다.

　이러한 상황을 피하기 위해서 신입·경력직 사원은 스스로 경험의 질을 의식하고 있어야 한다. 하지만 이때 쇠퇴한 아저씨는 심지어 커다란 걸림돌이 된다. 많은 기업에서 업무의 분담은 아저씨가 담당하고 있는 관리직의 일이기 때문이다.

인재 육성에 관한 미국의 저명한 연구 기관인 로밍거 Lominger의 마이클 롬바르도와 로버트 아이킨거는 **개인의 능력 개발이 어떻게 이루어지는지를 오랫동안 연구한 결과로 '70:20:10의 공식'**을 제창했다. 인재 육성 분야에서는 이미 잘 알려져 있는 공식이므로 들어본 적 있는 사람도 있을 것이다.

이 공식에 따르면, 개인의 능력 개발 중 70%는 실제 생활이나 직업상의 경험, 일상적 과제와 문제 해결 과정에 의해서 이뤄진다. 자신이 직접 경험한 것이 능력 개발로 연결되기 때문에 '직접 학습'이라고 부른다. 다음의 20%는 직장이나 학교에서 모범이 되는 인물로부터 직접 받은 감화(대인적 학습), 혹은 관찰과 모방에 의해 일어난다. 타인의 경험을 자신의 것으로 만들거나 다른 사람의 활동을 관찰하거나 경우에 따라서는 흉내 내는 것으로 학습되기 때문에 이는 '간접 학습'이라고 한다. 그리고 나머지 10%가 바로 우리가 흔히 '능력 개발'이라는 말을 듣고 바로 떠올리는 학교, 연수 등을 통한 공식적인 훈련이다.

로밍거의 연구에 의하면, 이 공식은 국가나 문화권, 혹은 산업이나 직종 같은 요소와 관계없이 거의 같은 수치를 보인 다고 한다.

그런데 필자 자신도 여가시간을 이용해 공부하고 독서나 지식인과의 대화를 통해 다양한 학습을 해 왔다는 자부심 이 있는데, 이는 정말 능력 개발에 큰 영향을 미치지 않는 것 일까?

능력 개발에 관한 연구의 상당수는 세세한 숫자에서의 차 이를 보이기는 하지만, 결국 직장에서 좋은 경험을 하는 것 이 개인의 성장에서 결정적으로 중요하다는 것을 나타낸다.

인재가 성장하지 못하는 이유 ①
중요한 업무 기회 박탈

이와 같이 생각해 보면, 많은 기업에서 '차세대를 담당하는 인재를 육성하지 못했다'라며 걱정하는 문제의 본질적인 원인도 찾을 수 있다.

인재가 성장하기 위해서는 좋은 업무 경험이 중요한데 그 경험이 부재했다는 말이다. 그 원인은 크게 두 가지로 나눌 수 있다.

첫 번째는, 좋은 경험을 쌓을 수 있는 중요한 자리를 연장자가 차지하고 앉아 비켜주지 않았기 때문이다. 몇 년 전, 어느 유통 기업에서 오랜 기간 훌륭한 경영자로 인정받던 분이

80세가 넘어 은퇴를 발표하여 화제가 되었다. 80세까지 요직을 차지하고 있으면 차세대 리더를 육성하지 못하는 것은 당연하지 않겠는가.

일본에서는 100세가 넘도록 현장에서 활약하는 인물을 무조건 예찬하는 경향이 있다. 하지만 그렇게 일을 하면 차세대의 인재가 성장할 수 없다.

일본에서 훌륭한 경영자나 영웅호걸이라고 불리는 사람은 언제나 어려운 시기에 등장했다. 메이지 유신이나 태평양 전쟁의 종전을 계기로 기득권층인 연장자를 뿌리째 퇴장시킨 직후에 유능한 인재가 다수 발견되었다. 이것은 연장자가 담당하던 중요한 직책을 젊은 사람이 담당함으로써 비로소 인재가 육성된다는 것을 시사하고 있다.

하지만 당사자는 그 점을 전혀 인식하지 못한다. 그들에게서 나오는 아이디어라곤 '쓸 만한 인재가 없기 때문에 연수제도를 충실히 지켜야 한다'라는 표면적인 이야기뿐이다. 게다가 자신이 중요한 자리를 계속 차지하고 있기 때문에 인재가 성장하지 못한다는 것을 전혀 깨닫지 못한다. 일본의 인재 육성은 자칫하면 향후 수 십 년 동안 오랫동안 정체될 우려가 있다.

아저씨가 중요한 직책을 차지하고 있다는 것이 젊은 층이
좋은 업무 경험을 쌓지 못하는 첫 번째 이유이다.

인재가 성장하지 못하는 이유 ②
좋은 리더의 부재

좋은 업무 경험을 쌓지 못하는 두 번째 이유는 바로 좋은 리더의 부재이다. 좋은 리더는 좋은 목표를 설정하고 좋은 목표는 좋은 업무 경험으로 이어진다. 그러니 리더에 의한 목표 설정의 질이 바로 팔로워의 업무 경험의 질을 좌우한다.

좋은 리더는 좋은 업무 경험을 통해 만들어지고, 그 좋은 리더가 다시 부하 직원에게 좋은 업무 경험을 제공하면서 차세대 리더를 육성한다. 즉, 좋은 리더는 한 번 태어나면 확대 재생산되는 경향이 있다.

사회에 구조적 변화가 일어나면 지금까지 기득권을 쥐고

있던 연장자가 사회로부터 뿌리째 뽑혀 퇴장당한다. 이때 젊은 층이 중책을 담당하면서 성장할 수 있는 환경이 만들어지는데, 거기서 제1세대의 리더가 길러진다. 일본으로 말하자면 혼다 소이치로나 모리타 아키오, 마쓰시타 고노스케같은 사람들이다.

이들이 리더십을 발휘해 좋은 목표를 설정하고 그 결과 좋은 업무 경험을 쌓는 사람들이 생겨난다. 이들이 2세대 리더가 된다. 근년까지 혼다나 소니를 이끌어 온 경영자 중에는 혼다 소이치로나 모리타 아키오의 가르침을 직접 받은 사람들이 아직 있었다.

하지만 여기서부터는 앞날이 어둡다. 의식적으로 젊을 때부터 큰 직책을 맡겨 환경을 만들어주지 않으면 3세대 리더는 좀처럼 성장하기 어렵다. 지금 대부분의 일본 기업이 직면한 문제는 이 제3세대의 인재풀이 텅 비어 있다는 사실이다.

노회한 경제단체연합회는
쇠퇴한 아저씨의 상징

경험이나 동료의 동질성이 개인의 성장을 막는 큰 요인이라는 것을 이해했을 것이다. 이는 바로 신규 졸업자 일괄 채용(=동기는 계속 불변), 연공서열(=동료는 계속 불변), 종신 고용(=회사는 계속 불변)이라는 일본의 고용 습관이 개인의 성장을 크게 저해하는 요인으로서 작용하는 것은 아닌지에 대한 우려로 직결된다.

이 문제를 고찰하기 전, 동질성을 극한으로 끌어올린 어떤 단체를 떠올리지 않을 수 없다. 바로 경제단체연합회이다.

일본경제신문은 2018년 6월 21일자로 '경단련, 이 두려운

동질 집단'이라고 제목을 붙인 기사를 게재했다. 조금 길지만 매우 흥미로운 내용이므로 살펴보자.

그런데 그것과는 대조적으로 구성원의 다양화는 전혀 진행되지 않고, (1)전원 남성으로 여성 제로, (2)전원 일본인으로 외국인 제로, (3)제일 젊은 스기모리 다케시 부회장(JXTG 에너지 사장)도 62세. 30대, 40대는커녕 50대도 없다─라고 하는 '초동질 집단'이다(중략).

덧붙여 경영자의 범주에서도, 전원이 이른바 샐러리맨 경영자이다. 일찍이 부회장에 이름을 올린 소니의 모리타 아키오나 다이에의 나카우치 이사오 같은 창업가가 모습을 감추었고, 이른바 전문 경영자도 없다.

그 후, 여러 가지를 조사하면서 한층 더 동질성을 보강하는 자료를 찾아냈다.

19명의 부회장 중 누구 하나도 이직 경험이 없다. 다시 말하면 전원이 대학을 졸업하고 지금 회사의 문을 두드려, 자세히 보면 우여곡절이 있었겠지만 거의 순조롭게 출세 계단을 오른 인물이라는 것이다.

연공서열이나 종신고용, 이직을 하지 않는 안정주의가 일본의 대기업 시스템 안에 가득차 있는데, 거기서 성공한 사람들이 과연 고용제도 개혁이나 인사제도 개혁, 혹은 전직이 당연한 사회의 실현이라고 하는 목표에 진지하게 임할 수 있을까?

– 일본경제신문, 2018. 6. 21

경단련에 대해서는 이미 각처로부터 비판의 소리가 크다. 예를 들면 라쿠텐의 미키타니 히로시 사장은 경단련에서 탈퇴할 즈음에 진행한 〈닛케이 비즈니스〉와의 인터뷰에서 '호송 선단을 옹호하기 위해서 존재하고 있는 단체이며, 가입해도 전혀 의미가 없다'라고 강렬하게 비판했다. 장래의 수상 후보로 주목받는 고이즈미 신지로는 〈소셜 이노베이션 포럼 2017〉에서 경단련을 향해 '정치의 눈치만 살피고 정권에 대한 굵직한 제한은 왜 하지 않느냐'라며 비난했다.

이 밖에도, 취직 활동의 해금 시기에 관한 논의나 부업·겸업을 권장할 수 없다는 입장에 대해서도 '시대에 뒤떨어진다', '그렇다면 임금을 올려라'라고 비판을 받고 있다.

인재 채용 경쟁의
담합

    기업의 핵심적인 경쟁력이 인재에 달려 있는 현대 사회에서 언제 어떤 사람을 채용해 어떻게 일하게 할 것인가는 기업의 발전을 크게 좌우하는 매우 중요한 경영 문제이다.

    제조업이라면 어떤 자재를 들여올지가 최대 중요 과제이며, 좋은 자재를 경쟁 기업을 앞질러 조달할 수 있으면 경쟁에서 우위에 설 수 있다.

    인재도 마찬가지이다. 때문에 미국과 유럽 기업은 최대한으로 머리를 굴려 경쟁 기업보다 뛰어난 인재를 채용하기 위해 노력하고 있다.

그런데 매우 불가사의하게도 일본에서는 이 가장 중요한 경영 과제에 아무런 책임을 지지 않는 단체가 채용과 부업이나 겸업의 지침을 마음대로 정하고 그것에 따르도록 압력을 넣고 있다. 이런 비정상적인 일을 수십 년째 계속하고 있는 선진국은 어디에도 없다.

결국, 이것은 인재 채용 경쟁에 관한 담합이라고 할 수 있다. 한 회사가 규정보다 빠르게 신규 졸업자를 채용하려고 하면, 다른 회사들도 채용 시기를 자꾸 앞당길 것이다. 일찍 채용을 마친 회사는 타사로 인재가 유출되는 것을 막으려고 한다. 이것이 극단적인 상황이 되면 대학 학업에까지 영향을 미칠 수 있기 때문에 모두가 서로 합의해 채용 경쟁력에 차이를 없앤다는 것이다.

부업이나 겸업에 관한 규정도 마찬가지다. 이를 각 회사의 판단에 맡기면 노동 환경의 매력에 차이가 생긴다. 비슷한 월급을 준다 해도 부업을 허용하는 기업과 허용하지 않는 기업은 실질적으로 보수 수준이 달라지는 것이고 결정적으로는 경험의 질이나 밀도도 크게 달라진다. 이렇게 되면 노동 시장에서 인재 채용 경쟁은 보다 치열해지므로 개별 기업은 인재를 채용하고 유지하기 위해서 더 많은 투자를 해야 한다.

이러한 상황을 기피하기 위해 모두가 같은 시기에, 같은 지침으로 채용을 실시하려고 한다. 하지만 결과적으로 근로 환경에 다양성이 없어지고 피고용자인 노동자의 다양성 또한 없어지고 있는 것이 지금의 상황이다.

겉치레 채용의
종언

이러한 상황을 어떻게 대처해야 할까? 무시하고 내버려두면 된다는 것이 필자의 생각이다. 시간이 지나면서 경단련의 영향력은 점점 약해질 것이고, 그들의 지침에 따르는 기업은 결국 없어질 것이기 때문이다.

취업 미디어인 원커리어의 조사에 따르면, 채용 활동 해금 전에 벌써 구인 활동을 끝낸 기업이 상당수라고 한다. 경단련의 지침에 준거하는 척하지만 실제로는 인턴이라는 명목으로 전형 활동을 하며 본심을 드러내고 있다. 즉, 경단련이 제시하는 채용 지침과 그것을 준수하는 회원 기업이라는 구도는 이제 겉치레에 불과하다는 뜻이다. 이런 겉치레에 시간과 노력을 들일수록 기업의 경쟁력만 떨어지게 된다.

이쯤 되면 도대체 경단련이라는 단체가 오히려 민폐를 끼치는 것이 아닌가에 대해 더 많은 사람들이 목소리를 내야 한다고 생각한다. 책의 논지에서 다소 벗어나기 때문에 더 깊이 들어가지는 않지만, 현재 전 세계적으로 채용에 대한 새로운 자세가 모색되고 있다. 한 회사에서만 근무하는 사람은 장기적으로 감소하는 경향이고, 많은 사람들이 몇 번의 전직을 경험하거나 여러 조직에서 동시에 일을 하는 패러럴 커리어도 부상 중이다.

수명이 연장되면서 일할 수 있는 기간이 길어지는 한편 각 사업의 수명은 짧아진다. 게다가 인공지능으로 대표되는 기술 진화의 영향으로 노동 시장에서 수요와 공급의 관계 역시 단기간에 크게 변하는 만큼 이 흐름은 향후에도 계속될 것이다.

그러한 상황 속에서 졸업과 동시에 일괄적으로 대학생을 채용하고 종신 고용을 전제로 하면서 연공에 따라 승진시키는 모델을 도대체 언제까지 지속할 수 있을까?

이제 그 끝이 조금 보인다. 아무리 경단련이 지침을 강요하려고 해도 현실의 큰 흐름은 막을 수가 없다. 아직은 많은 기업들이 경단련과 함께 하는 듯 겉치레 채용을 하고 있지만, 이런 쓸데없는 짓을 더 이상은 계속하기 어려울 것이다.

경단련이 먼저 '이 지침은 무의미하므로 멈춘다'라고 할지, 기업이 먼저 '무의미하므로 멈춘다'라고 할지는 모르지만, 어느 쪽이든 가까운 장래에는 개별 기업의 선택이 우선시되는 날이 올 것이다.

정보의 보편화가 초래한
권력 약화 현상

경단련을 시작으로, 기존에 큰 영향력을 행사하며 사회를 좌지우지하던 조직이나 단체가 서서히 그 힘을 잃어가고 있다. 이 사실은 우리가 '권력의 종말' 시대에 살고 있다는 것을 시사한다.

세계은행 상임이사였던 모이제스 나임Moises Naim은 저서 《권력의 종말》(책읽는수요일, 2015)에서 전 세계적으로 권력 약화가 진행되고 있음을 풍부한 예증을 통해 밝혔다. 미국 기업 CEO들의 평균 재임 기간은 10년에서 6년으로 단축됐고, 리더 교체가 상대적으로 적은 일본 기업에서도 강제적인 사임 수가 4배로 증가했으며, 소규모 군사력이 대규모 군사력을 승리하는 비율은 12%에서 56%로 급증해 체스의 그랜드마스터는 88명에서 1200명 이상으로 증가했다.

권력과 권위가 약해지는 이유는 몇 가지가 있는데 그 중 하나로 이미 이야기한 '정보의 보편화'를 꼽을 수 있다. 정보의 보편화가 이루어진 결과, 과거 데이터베이스로서 존경받던 연장자의 가치가 감소하고 있다고 지적했는데 이 변화가 권력의 약화도 초래한다. 권력은 정보의 독점과 지배에 의해 생명력을 유지하기 때문이다.

큰 권력을 유지하려는 독재자는 예외 없이 정보의 지배와 독점을 목표로 한다. 정권 장악 후 즉시 반독일적 서적의 발행·소지를 금지하고 수만 권에 이르는 책을 태워 버린 나치나 지식인을 죄다 체포해 강제 노동에 이르게 한 모택동이 전형적인 예이다.

지금은 일반 시민이 지성을 갖추고 서로 정보를 주고받음으로써 권력이 점점 약해지고 있다. 최근 빈번하게 발생하고 있는 사건 사고와 윤리 경영의 위반이 그 증거가 된다. 과거처럼 지성이 일부에 집중되거나 조직의 안쪽과 바깥쪽을 구분하는 경계가 간고하고 명확할 경우, 감당하기 어려운 불상사에 관한 정보는 권력자에 의해서 지배·은폐되곤 했다. 그런데 지금은 지성이 분산, 보편화되고 조직의 경계가 불분명해져 안팎을 잇는 네트워크가 형성됨으로써 더이상 숨길 수 없게 되었다. 사건 소식이 빈번하게 들리는 이유이다.

지배 권력의
마지막 몸부림

　권력이 약해지는 지금이야말로 우리는 스스로를 지성으로 무장해야 한다. 자기 의견을 주장하고 권력자의 말에 귀를 기울이며 대화를 시도할 필요가 있다. 권력은 힘이 약해질 때 기를 쓰고 지배력을 강화하려고 하기 때문이다. 역사를 되돌아보면 권력은 전성기일 때가 아니라 쇠퇴할 때 무지막지한 탄압을 가한다. 이를 잊어서는 안 된다.

　과학과 종교의 충돌이 가장 강했던 르네상스 후기에 벨기에의 베살리우스는 시신 해부를 토대로《인체 구조에 관하여》를 저술하여 해부학의 효시가 되었으나 스페인에서 종교

재판에 회부되었다. 스페인의 세르베투스는 혈액 순환의 원리를 발견했으나 칼뱅파에 의해 화형에 처해졌다. 이처럼 과학의 유효성, 합리성이 높아질수록 종교인의 과학 부정은 강해지고 탄압은 거의 광적인 수준이 된다. 권력에 의한 탄압이 강해질 때 그 권력은 이미 말기 상태에 있다고 봐도 무방하다. 그와 반대로 아무런 제재나 탄압이 없을 때는 권력이 매우 강력하고 안정적인 상태이다.

길게 보면 그동안 단순히 나이를 먹었다는 이유만으로 얻어온 권력자들의 발언권이나 영향력은 틀림없이 약화될 것이다. 하지만 권력의 이동이 일어날 때, 빼앗기는 쪽의 기득권층은 촛불이 마지막에 다 타버렸을 때 내뿜는 큰 불꽃과도 비슷한 히스테리를 주위에 뿌릴 것이다.

오늘날 쇠퇴한 아저씨에 의한 각종 안하무인한 행동은 사라지는 지배 권력 시스템의 마지막 몸부림이라고 볼 수 있다. 그렇기 때문에 중견층과 젊은 세대는 지성으로 무장해 쇠퇴하는 권력에 의견을 내거나 이탈을 행사함으로써 그 '구멍'에서 빠져 나올 필요가 있다.

지적 벌거숭이의 미래는
'좀비 아저씨'

한 가지 큰 걱정거리가 있다. 젊은 층 중에서 책을 읽지 않는 사람이 너무 많다는 사실이다. 질 높은 결정적 지능은 절대 하루아침에 만들어지지 않는다. 사춘기부터 중장기적으로 양질의 인풋을 계속하는 것이 필요하다. 하지만 지금은 질적인 차이를 운운하기 이전에 책을 전혀 읽지 않는 사람이 너무 많다. 각종 통계에서 약간씩 차이를 보이기는 하지만 대체로 40~50%의 20, 30대가 한 달에 한 권의 책도 읽지 않는다고 한다.

이처럼 지적으로 게으른 습관이 앞으로 수십 년 동안 계속되면 다음 세대는 현재 '쇠퇴한 아저씨'보다 더 저하된 '좀비 아저씨'로 사회에 나올 가능성이 크다.

레이 브래드버리 원작으로, 프랑소와 트뤼포에 의해 영화화 된 〈화씨 451〉은 모든 책의 소지가 금지되어 발견된 책은 즉시 화염 방사기로 불태운다는 이상한 미래 사회를 그렸는데, 이 영화를 보는 동안 신기하게 기시감이 들었던 것을 기억한다. 왜냐하면 영화에서 그려진 실내 모습이나 분위기가 현재 우리의 생활 공간과 매우 비슷했기 때문이다.

벽에 걸린 TV가 주요 유흥의 대상이고 실내에는 책 대신 매우 아름다운 가구 및 비품이 놓여 있다. 이른바 지적 쾌락이 금지되어 사람들이 패션이나 인테리어 등 피상적인 유흥거리에 정신을 뺏기는 모습이다. 등장인물들이 필요 이상으로 아름답고 청초했던 것에서도 감독의 의도가 다분히 느껴진다. 즉, '외모만 아름답게 꾸미고 내면은 텅 빈 사람들과 그들의 사회'를 보여 주는 것이다.

하지만 지금은 금지된 것도 아닌데 지적 쾌락을 추구하는 사람이 인구의 절반에도 미치지 않는 시대가 되고 있다. 생각하기에 따라서는 책이 금지된 사회보다 더 무서운 사회가 아닐까?

스위스의 법학자이자 철학자인 카를 힐티Carl Hilty는 그의 저서 《행복론》(동서문화사, 2017)에서 다음과 같이 말하고 있다.

> 멋 부린 집에 살면서 열두 권의 책을 읽지도 않고 예쁜 책꽂이에 늘어놓은 걸 본다면, 당신은 그 집 거주자 전부를 무교양이라고 생각하면 된다.
>
> – 카를 힐티,《행복론》

지금까지 인류는 단지 나이를 먹었다는 이유만으로 존중받는 시대를 살아왔다. 하지만 이제 우리는 문명이 발생하고 나서 아마 처음으로, 나이가 들었다는 이유만으로 잘난 척을 할 수 없는 시대를 살게 될 것이다.

그러한 시대에 시간이라는 무기를 자신의 자본으로 삼기위해서는 양질의 인풋을 지속적으로 유지해야 한다. 그렇게 해서 개인이 지식을 축적하고 그를 바탕으로 사고하고 의견으로 표출하며 다른 사람의 의견 역시 경청함으로써 비로소 권력을 견제할 수 있다는 것을 결코 잊어서는 안 된다.

우리의 시간을 의미 있는 것으로, 권력과 싸우는 무기로

바꾸기 위해서는 공부를 계속해야 한다.

청년 시절은 지혜를 닦는 때이고, 노년은 그것을 실천할 때다.

– 장 자크 루소Jean Jacques Rousseau, 《고독한 산책자의 몽상》

제 8 장

인생의 2단계에서 겪는 도전과 실패의 중요성

인생의 정점은
아직 오지 않았다

이제 인생의 어느 시기에 어떠한 인풋을 실시할 지가 큰 논점으로 떠오른다. 여기서 다시 이시카와 요시키의 4단계 모델을 생각해 보자. 반복해서 살펴보자면 인생의 4단계란, 봄에 해당하는 1단계인 1~25세는 기초 학력과 도덕을 몸에 익히는 시기, 여름에 해당하는 2단계인 25~50세는 여러 가지 일에 도전해 경험을 쌓는 동시에 자신이 무엇을 잘하고 무엇에 서투른지를 이해하는 시기, 그리고 가을에 해당하는 3단계인 50~75세는 지금까지 쌓아온 결실을 세상에 되돌려 주는 시기, 그리고 겨울에 해당하는 4단계인 75~100세는 여생을 보내는 시기임을 나타내는 모델이다.

4단계 모델은 3단계 모델과 비교했을 때 인생의 정점이 꽤 뒤로 이동한다는 점이 특징이다. 그동안 소위 '한창 일할 나이'라는 말을 듣는 시기는 40대 후반에서 50대 초반이었다. 그러나 4단계 모델에서 이 시기는 인생의 늦여름부터 초가을에 걸친 시기이므로 진짜 열매는 그 다음에 거두게 된다. 인생의 정점이 후반부로 이동했다는 것은 필연적으로 준비 기간이 길어졌음을 의미하므로 이때 제대로 토양을 갈고 씨를 뿌린 사람과 그렇지 않은 사람은 후에 큰 차이를 보인다.

덧붙여 지적하자면, 아저씨의 쇠퇴 문제는 4단계 모델에서 3단계와 관련 있다. 앞서《논어》에서는 '쉰에 천명을 안다'라고 했다. 이것은 자신이 인생에서 해야 할 일, 사명을 이해한다는 것으로, 조금 더 날카롭게 표현하면 죽음을 의식할 나이가 되어 남겨진 시간에 무엇을 할지 명확히 한다는 각오의 문제이기도 하다.

이 시기를 이시카와 요시키가 지적한 것처럼 '결실이 풍부한 가을'로 보낼 수 있을지는 인생 자체의 의의에도 관련되는 중대한 문제이다.

풍요로운 중년의 열쇠는 2단계에서의 경험

결실이 풍성한 3단계를 보내기 위한 열쇠는 무엇일까?

지금까지의 고찰로 보면 대답은 명백하다. 바로 2단계를 보내는 방법이다. 2단계를 어떻게 보내는지에 따라 3단계의 결실이 크게 달라진다. 그리고 3단계에서 풍성한 결실을 얻어야 풍요롭고 안정된 긴 만년기를 보낼 수 있다.

2단계를 잘 보내지 못하면 3단계에서 쇠퇴한 아저씨가 되어 사회에 짐이 되고 해악을 퍼뜨릴 뿐 풍부한 결실은 절대 거둘 수 없다. 인생의 절정기를 이렇게 보낸다면 만년 또한 음울하고 후회스러울 수밖에 없다.

100세 시대가 누군가에게는 큰 축복이지만 또 다른 누군가에게는 인생에 대한 충실감의 격차가 극단적으로 드러나는 잔혹한 세계라는 점을 잊어서는 안 된다. 그리고 그 격차를 좌우하는 최초의 갈림길이 4단계 모델의 2단계를 보내는 방법이라고 할 수 있다.

학습의 밀도를
높여라

2단계에서 가장 중요한 것은 무엇일까? 바로 학습의 밀도를 높이는 것이다.

그렇다면 학습이란 무엇인가? 뇌 과학이나 심리학에서 여러 가지의 정의를 내리고 있지만, 종합적으로 말하면 '같은 입력값을 넣었을 때 보다 좋은 출력을 낼 수 있도록 자신이라는 시스템을 변화시키는 것'이다. 다시 말하면 정보 처리에 관한 문제이며 뇌의 변화와도 밀접한 관계가 있다.

원래 우리의 뇌는 계속 변화하는 환경에 적응하면서 진화해 왔다. 이처럼 뇌의 화학 성분이나 신경 섬유 구조가 변화하는 성질을 가소성이라고 부른다. 뇌세포의 수는 성인 이후 즉, 2단계 이후에는 증가하지 않는다고 한다. 한편 뇌의 신경 섬유의 결합은 배우면 배울수록 가소성을 더해간다. 즉, '학습이란 변화하는 것이다'라는 주장은 단순한 비유가 아니라 물리적인 사실인 것이다.

이 사실을 근거로 2단계에서 무엇을 어떻게 학습해야 하는지 하나씩 살펴보도록 하자.

무언가를 그만두지 않으면
어떤 도전도 할 수 없다

진부한 말이지만 여러 가지에 도전하는 것이 중요하다. 왜 재차 이렇게 당연한 것을 지적하는가 하면, 많은 사람들이 도전의 본질적인 어려움에 대해 제대로 이해하지 못한다고 생각하기 때문이다.

무언가에 도전한다는 것은 그때까지 하고 있던 무언가를 멈추는 일이기도 하다. 지금까지 하고 있던 일을 계속하면서 틈틈이 하는 것은 도전이라고 부르지 않는다. 도전에는 시간이나 능력의 집중이 필요하므로 이전까지 하고 있던 일을 일단 중지하는 것이 필연적으로 요구된다. 즉, 도전이 어려운 이유는 도전 그 자체보다 이전에 하던 무언가를 그만두는 것에 있다.

이상하다는 생각이 들지 않는가? 많은 사람들이 '도전이 중요하다'라고 말하면서 결국 별다른 도전도 하지 않은 채 인생을 마감한다. 무언가를 그만두지 않으면 어떤 도전도 할 수 없다는 사실을 받아들이지 않기 때문이다. '도전도 중요하지만 지금 하고 있는 일을 멈출 수는 없으니까 틈틈이 할 수 있는 부업부터 우선…' 같은 생각으로는 당연히 큰 도전이 불가능하다.

인생의 3단계에서 천명을 발휘하기 위해서는 2단계에서 자신의 능력을 파악하는 작업이 필요하다. 이것은 스포츠나 악기 배우기와 같아서 직접 경험해 보지 않으면 예측할 수가 없다. 농구를 해 봐야 재능이 있는지 없는지를 판단할 수 있지 않겠는가. 다른 종목도 마찬가지이다.

하지만 스포츠로 따지면 이렇게 당연한 일을 웬일인지 일에 관해서는 잊는 사람이 많다. 적지 않은 사람이 아직도 처음 입사한 회사에서 근무하는 것이 당연하다고 여긴다. '한 회사에서 여러 가지 일에 도전할 수도 있지 않은가?'라는 반론이 있을 수 있다. 그 반론도 틀린 말은 아니지만, 도전이라고 하는 것은 스포츠에 비유하면 종목이 바뀔 정도의 큰 변화라는 점이 중요한 포인트이다. 큰 변화가 따른다면 그것은 양질의 도전이 될 것이고, 그렇지 않으면 도전 흉내에 불과해 자기만족에 그칠 수 있다.

우리는 이른바 두 번 다시 세상에 태어난다.

첫 번째는 존재하기 때문에 두 번째는 살기 위해서.

−장 자크 루소, 《에밀》

2단계에서는
빛나지 않아도 괜찮다

여기서 하나 주의할 점이 있다. 2단계에서는 빛나지 않아도 괜찮다는 것이다. 오히려 **빠른 시기에 주목을 받으면 3단계의 결실로 이어지는 비료를 충분히 공급하지 못할 우려가 있다.**

독자 중에는 한창 젊은 20대에 화려하게 성공해 매스컴에도 이름을 올리는 사람들과 자신을 비교하여 '나는 왜 이럴까' 하고 풀이 죽는 사람도 있을 것이다. 하지만 신경 쓸 필요 없다. 오히려 젊은 시기에 주목을 받는 것은 피해야 한다. 너무 이른 시기에 성공하면 사실 이때밖에 할 수 없는 인풋이 부족해지기 마련이다. 그러면 이후의 커리어에서 필요한 진짜 아웃풋은 형편없어질 가능성이 높다.

아주 적절한 예로 두 피아니스트가 있다. 한 명은 미국의 반 클라이번Van Cliburn, 다른 한 명은 이탈리아의 마우리치오 폴리니Maurizio Pollini이다. 둘의 대비는 인생에서 명성을 너무 빨리 얻으면 이후의 경력을 망칠 수 있다는 것을 잘 보여 준다.

1958년, 당시 동서 냉전의 한복판에 있던 소련은 과학 기술의 우위를 스푸트니크로 증명한 뒤 예술적 우월성까지 과시하기 위해 차이콥스키 국제 음악 콩쿠르를 창립했다. 이 대회의 1회에서 만장일치로 우승한 사람이 바로 23세의 미국인 클라이번이었다. 동서 냉전이라는 분위기가 더해져 열광적인 붐이 일어났고 클라이번은 하루아침에 미국의 영웅이 되었다.

귀국 직후에 클라이번이 발매한 차이콥스키의 앨범은 빌보드의 팝 앨범 히트 차트에서 1위에 오르기까지 했다. 클래식 앨범이 빌보드 1위에 오른 것은 전무후무했으므로 당시 클라이번의 인기가 얼마나 대단했는지를 알 수 있다.

하지만 클라이번은 이익지상주의자들의 흥행주가 되어 원

숭이처럼 전 세계를 끌려다니기에 바빴다. 차분히 시간을 두고 음악성을 쌓지 못했기 때문에 피아니스트로서는 결국 대성하지 못했다.

2016년에 사망한 피아니스트 나카무라 히로코는 90년대에 컴백한 클라이번의 연주를 듣고 비평의 대상도 될 수 없는 수준이었다고 악평했다. 덧붙여 '그가 예술가로서 성숙하지 못한 채 끝난 것은 결국 미국의 풍요로움, 즐거운 생활에 문제가 있었던 것은 아닐까 생각한다'라는 코멘트를 남겼다.

반면에 폴리니는 1960년, 클라이번보다 더 젊은 18세에 쇼팽 국제 피아노 콩쿠르에서 만장일치로 우승했다. 이때 심사위원이었던 루빈슈타인으로부터 심사위원들보다 연주 테크닉 면에서는 위라는 평을 들을 정도로 기술이 돋보였다.

폴리니는 이미 18세에 국제적인 명성을 획득했지만 그 후 10년 정도 표면적인 연주 활동에 잘 나타나지 않았다. 오히려 대학에서 물리학을 배우거나 고명한 피아니스트인 미켈란젤리에게 지도를 받으며 이미 세계 최고 수준인 음악성에 깊이를 더하는 노력을 계속했다.

오랜 기간 만반의 준비를 한 후에야 국제적인 연주 활동을 시작하며 첫 음반도 냈다. 이 음반이 1971년에 발매되었으니

콩쿠르에서 우승한 지 11년이나 지난 뒤였다. 폴리니는 피아니스트로서의 커리어를 착실히 쌓아 77세가 된 현재(2019년 시점)까지도 많은 음악 평론가로부터 '현존하는 최고의 피아니스트'라 평가받고 있다.

논리적 사고의
어리석음

세계적인 콩쿠르에서 압도적으로 우승한 신진 피아니스트가 10년간 연주 활동을 하지 않았다는 것은 상식적으로 납득이 잘 되지 않을 뿐더러 논리적 이치에도 맞지 않는다. 인풋의 시간을 조금 줄이고 부지런히 연주 활동을 했다면 단기적으로 엄청난 부를 얻을 수 있었을 것이다.

하지만 폴리니는 전혀 경제적 대가가 따르지 않는 활동에 20대를 소비했다. 그는 스스로 아직 부족한 상태이므로 이대로 바쁜 연주 활동을 계속하면 음악가로서의 샘이 말라버릴 것이라는 사실을 잘 알고 있었다.

필자는 논리적 사고의 어리석음에 대해 자주 이야기하는데, 폴리니 또한 직감을 바탕으로 굳이 비합리적으로 보이는 경력을 선택했다. 이런 판단을 할 수 있었다는 것은 정말로 지혜로웠기 때문이다.

클라이번과 폴리니를 비교해 보면, 인생의 **빠른 시기** 즉 2단계에서 주목을 받고 그 시기에만 할 수 있는 '**씨를 뿌리는 준비 과정**'을 소홀히 할 경우 이후의 인생이 얼마나 달라지는가를 잘 알 수 있다.

100세 시대에서는 가장 큰 결실을 얻을 수 있는 3단계를 얼마나 충실하게 보내는가가 인생의 질을 크게 좌우한다. 그리고 3단계에서 얻는 결실의 크기는 2단계에서 한 경험의 질에 달려 있다. 너무 이른 시기에 주목을 받는 것은 오히려 이 시기에 필요한 경험의 양과 질을 악화시킬지도 모른다는 것을 머리 한쪽 구석에 새겨두길 바란다.

50세 즈음 슬슬 출세하면 된다.
주위에서 출세가 늦다고 생각할 정도가 좋다.

—야마모토 쓰네토모山本常朝, 《하가쿠레》

몰입 상태의
전제 조건

2단계에서 무엇인가에 도전할 때 그것이 진짜 도전인지 아닌지를 신체 반응 측면에서 파악하는 하나의 기준을 공유한다. 그것은 스트레스, 즉 긴장 상태이다. 스트레스를 받지 않는 상태라면 진정한 도전이 아니라는 것이다.

앞서 이야기한 심리학자 미하이 칙센트미하이는 여러 분야에서 유례없는 업적을 남긴 사람들과 인터뷰하면서 그들이 일에 최고로 열중한 상태를 나타내는 말로써 자주 '몰입'이란 뜻의 '플로우flow'라는 용어를 사용하는 것을 발견했다. 그리고 그것을 '몰입 이론'으로 정리했다.

칙센트미하이에 따르면, 플로우 즉 '몰입' 상태에 들어간 당사자는 시간의 감각과 자신의 존재도 잊고 무언가에 이끌리듯이 뛰어난 아웃풋을 만들어낸다. 이때 과제의 난이도와 본인의 기술 수준을 높게 유지하는 것이 중요하다고 지적한다(표 7).

능력치가 높은 사람이 가까스로 해낼 수 있는 수준의 과제, 방해받지 않고 집중할 수 있는 환경 등 몇 가지 조건이 갖추어지면 그 사람은 몰입 상태에 들어갈 수 있다고 한다.

표7 칙센트미하이가 말하는 몰입 경험과 도전 및 능력의 관계

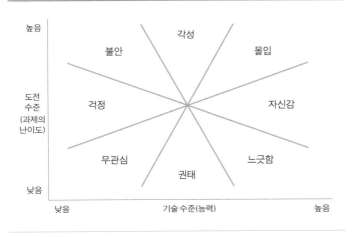

출전: 미하이 칙센트미하이, 《창의성의 즐거움》, 북로드, 2003.

칙센트미하이의 지적이 재미있다고 생각하는 이유는 도전 수준과 기술 수준의 관계가 시간이 경과함에 따라 계속 바뀐다는 점이다. 예를 들면, 처음에 불안 상태에 있어도 노력의 결과로 능력이 좋아지면 이윽고 각성 과정을 거쳐 몰입 상태에 들어가고, 몰입 상태에서 같은 일을 계속하면 숙련도가 높아져 자신 있는 상태가 된다. 그렇게 되면 이른바 안정성을 획득하지만 당연히 그 이상의 성장은 바랄 수 없다.

즉, 개인의 능력과 과제의 난이도는 역동적인 관계이며 몰입을 계속 체험하기 위해서는 그 관계를 주체적으로 바꿀 필요가 있다.

몰입을 위한
분야와 기술의 매트릭스

칙센트미하이는 원래 '행복한 인생이란 무엇일까' 하는 질문에 답을 찾기 위해 심리학의 길로 들어섰다. 그 결과 도달한 것이 '몰입' 개념이므로 몰입 상태는 행복의 조건이기도 하다. 하지만 실제로는 너무나 많은 사람들이 '무관심' 상태에서 인생을 끝낸다고 칙센트미하이는 한탄했다.

무관심 상태를 벗어나 '몰입' 상태에 도달하고자 한다고 해서 도전 수준과 기술 수준을 단번에 높일 수는 없다. 먼저 도전 수준을 올려 과제에 임하면서 기술 수준을 올려야 한다. 행복한 '몰입' 상태에 이르기 위해서는 반드시 마음이 편한 상황이 아닌 '걱정'이나 '불안' 상태를 겪어야 한다는 의미다.

아마 사회인이 되어 최초의 몇 년은 누구나 '불안'이나 '각성' 상태에서 일을 할 것이다. 점차 기술 수준을 높이고 그에 따른 도전을 계속하면 '몰입' 상태에 다다를 수 있지만, 많은 사람들이 그대로 '자신감', '느긋함', '권태'를 거쳐 '무관심' 상태에 빠진다는 것이 칙센트미하이의 지적이다.

이를 방지하기 위해서는 일정한 주기로 일을 리셋하는 것이 중요하다. 단순히 이직이나 부업을 하라는 것이 아니다. 이직을 해도 같은 기술이 요구되는 같은 직종이라면 도전 수준은 높아질 수 없고, 결국 편안한 상태에서 빠져나오지 못한다.

이때 예방의학자 이시카와 요시키가 제안하는 '분야와 기술의 매트릭스'를 살펴보자. 설령 이직을 반복하고 있다 해도, 그것이 같은 분야, 같은 기술의 매트릭스 안에서 회사를 바꾸는 것뿐이라면 '권태' 상태에서 벗어날 수 없다.

갑자기 다른 분야, 다른 기술의 매트릭스에 도전하면 아마 극심한 불안 상태가 될 것이다. 스트레스가 너무 커서 심신에 악영향을 줄 수도 있고 애초에 연관성이 전혀 없는 인재를 회사에서 고용할지도 불확실하다.

표8 분야와 기술의 매트릭스

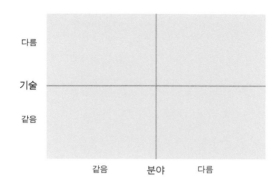

출전 : "예방의학연구자, 이시카와 요시키가 생각하는 100세 시대의 커리어 이론" BNL
http://bnl.media/2017/01/ishikawa-career.html

그러므로 우선은 다른 분야×같은 기술 또는 같은 분야
×다른 기술을 목표로 삼는 것이 좋다. 이 경우 기본은 같은
분야×다른 기술에서의 도전을 몇 번 반복하여 기술의 폭
을 넓힌 후에 다른 분야×같은 기술로 이동하는 것이 더 바
람직하다.

학습량은 실패 횟수와
비례 관계

분야의 이동과 기술의 다양한 적용을 반복하다 보면 당연하게도 실패가 따라온다. 일반적으로 실패는 부정적인 경험이니 피할 수 있다면 피하는 것이 좋다고 생각하지만, 이것은 완전히 잘못된 사고방식이다.

극단적으로 말하자면 2단계에서 얻은 학습량은 실패의 횟수에 비례한다고 할 수 있다. 아마존은 창업 이래 여러 가지 신규 사업을 시도하고 있지만 대략 3분의 1은 실패해 철수했다. 하지만 도전하고 실패하며 배운 것을 다음 도전에 적용하는 과정을 매우 빠르게 반복하면서 신규 사업의 성공 확률을 점점 높이고 있다.

개인도 마찬가지다. 2단계에서 경험한 실패는 실패의 원인과 대처 방안에 대한 배움으로 연결되어 도전의 심리적인 저항감, 즉 '실패하지 않을까' 하는 두려움을 낮추는 요소가 된다. 몇 번이나 반복해 실패하면 '이런 때는 위험하다'라는 실패의 감을 몸에 익힐 수 있는데, 이 느낌을 2단계에서 미리 파악하는 것이 중요하다. 3단계에 들어가면 실패의 피해가 매우 커지기 때문이다.

실패의 피해가 적은 2단계에서는 최대한 많이 도전하여 자신만의 실패 매뉴얼을 만들어야 한다. 그래야 3단계에서 대담한 도전을 할 수 있는, 즉 '나는 언제 어디에서든 할 수 있다'라는 자신감을 키울 수 있다.

안정은 불안정
불안정은 안정

2단계에서 얼마나 많이 도전하고 양질의 실패 경험을 쌓느냐가 이후 인생에서 자신감으로 연결된다는 이야기를 했다. 하지만 안정감이 없는 인생은 불안하다고 느끼는 사람들이 많을 것이다. 다음 해에도 보장된 직장에서의 일을 버리고 불안정한 입장에 몸을 내던지는 것에 불안을 느끼지 않는 사람은 없다.

여기에서는 100세 시대의 '안정'과 '불안정'이 무엇인지 생각해 보자. 몇 년마다 새로운 일에 도전하는 인생은 확실히 불안정해 보일지도 모른다. 하지만 항상 불안정하다는 것은 반대로 안정적이기도 하다.

NEC 사장을 맡은 고바야시 고지는 후대 경영자를 위해서 '경영 10계명'을 정리했는데, 그중 하나가 '안정적인 기업은 불안하고 불안정한 기업은 안정적임을 인식하라'이다. 고객의 이탈이나 경쟁 공세 등이 자주 발생하는 기업은 불안정해 보일지 모르지만, 그렇기 때문에 투구의 끈을 늦추지 않고 항상 긴장 상태를 유지하고 있어 허를 찔릴 일이 적다. 반대로 언뜻 봐서 평온해 보이는 기업은 갑작스런 규제 완화나 환경적 변화에 쉽게 무너질 수도 있는 것이다.

이는 지진의 메커니즘과도 유사하다. 지진은 지하에 축적된 에너지가 한꺼번에 방출되면서 발생하는데, 지진이 일어나지 않는 안정 상태가 길어질수록 왜곡이 심해지고 지진의 피해 또한 커진다. 반대로 에너지가 조금씩 방출되며 작은 지진이 자주 일어나는 상황이라면 큰 왜곡은 생기지 않는다. 즉, 안정된 것처럼 보이는 상태일수록 내부에 뒤틀린 에너지가 축적되어 파괴적인 불안정성이 단숨에 엄습해 올 가능성이 높아지는 것이다.

이 지적은 인생에도 똑같이 적용할 수 있다. 도전하고 실패하면서 양질의 결정적 지능을 축적하면 그 경험과 지능은 세상을 살아나가는 데 큰 무기가 될 것이다. 한편, 싫증이나 릴렉스 상태에 머문 채 큰 실패도 없이 2단계를 산다면 겉으로만 안정적일 뿐 환경 변화에는 취약한 불안정한 인생이 될 가능성이 있다.

결코 용서를 구할 일이 없다는 것은 아무것도 하지 않은 자뿐이다. 살아있는 진리에 매진하는 오류는 죽은 진리에 매진하는 것보다 훨씬 풍요롭다.

-로맹 롤랑Romain Rolland, 《장 크리스토프》

도망칠 용기

　2단계에서 도전을 저해하는 최대 요인 중 하나는 도피하면 안 된다는 생각이다. 세상에는 '한 번 시작한 일은 반드시 끝내야 한다'라고 생각하는 사람이 많다. 잘못된 생각은 아니지만 부작용이 있다. 일을 완수하는 것에 집착한 나머지 오히려 자신의 상태를 파악하지 못하는 경우도 있기 때문이다.

　이 문제를 고찰하기 위해 교토 대학 교수인 야마구치 에이이치山口栄一의 저서 《이노베이션은 왜 끊어졌나》(국내 미출간)에서 노벨상 수상자 야마나카 신야의 사례를 살펴보자.

야마나카는 스포츠 정형외과 의사를 꿈꾸며 1987년부터 정형외과 수련의로 근무하다 2년 만에 좌절하고 기초의학을 배우기 위해 약리학연구소에 입학한다.

하지만 야마나카는 약리학 연구가 한창일 때 넉아웃 마우스 Knockout mouse(유전자 기능을 추정하기 위해 특정 유전자를 불활성시킨 실험용 쥐)를 만나 충격을 받고 여기에 새로운 난관을 돌파하는 길이 있음을 직감한다.

그래서 박사학위 취득 후 1993년 미국 글래드스톤 연구소로 유학을 떠나 분자생물학을 공부한다. 얼마 지나지 않아 NATI라는 암유전자를 발견하고, 이를 죽이는 ES세포를 배양했다. 그 과정에서 ES세포가 다양한 종류의 세포로 분화할 능력을 상실하는 것을 발견하고 도구에 지나지 않았던 ES세포 자체에 흥미를 가지게 되었다.

1996년에 일본으로 귀국한 후, 오사카 시립 대학 의학부 조교수가 되어 ES세포의 연구를 처음부터 다시 시작했다. 당시 줄기세포 연구의 주류는 전술한 바와 같이 분화 연구로, 줄기세포에서 어떤 세포를 만들었느냐를 전 세계의 연구진이 다투고 있었다.

그러나 야마나카는 '수정란에서 배양한 배자가 아니라 유전자

데이터베이스에서 줄기세포와 같은 세포를 만든다'라는 아직 아무도 하지 않은 연구에 착수한다.

가능 여부는 알 수 없지만 만약 가능하다면 수정란을 사용한다는 윤리 문제와 면역 거부 문제 양쪽 모두를 해결할 수 있다. 실패한다면 과학자를 깨끗이 포기하고 동네 의사를 하면된다고 맘을 먹었다. 이것이 1999년 나라첨단과학기술대학원에 조교수로 취임했을 때의 각오였다.

이후 다카하시 카즈토시의 아이디어를 얻으면서 2006년, 유전자 데이터베이스 중에서 4개의 유전자를 선택하여 바이러스를 사용해 추출한 세포에 넣고, 어떠한 조직에도 분화 가능한 세포, 즉 iPS 세포가 되는 것을 발견했다. 교토대에서 교수로 옮긴 지 얼마 되지 않았을 때였다.

2012년에 영국의 생물학자 존 거든과 함께 노벨 의학·생리학상을 수상한 야마나카의 이 업적은 이노베이션의 다이아그램에서 매우 중요한 도약을 나타내고 있음을 알 수 있다. 발생학이 갖는 패러다임을 파괴한 이 달성은 생명정보과학이라는 서로 다른 학문 영역에서 뿌리내려왔고, 더구나 종래의 발생학과는 전혀 다른 새로운 학문 영역을 구축했다.

야마나카는 좌절을 거듭하며 고독 속에서 임상정형외과, 약리학. 분자생물학. 암 연구, ES세포연구로 다양한 분야를 편력했다. iPS 세포의 발견은 '회유'를 한 진짜 '창발'이었다.

그렇다고는 하나, 하나의 연구 분야에 자리를 잡지 못하고 차례차례로 전문 영역을 바꾼 자신의 장래에 대해 불안감을 느끼던 야마가타는, 우연히 청강한 도네가와 스스무의 강연회에서 그 불안을 고백했다. 그러자 도네가와는 이렇게 대답했다고 한다.

"연구의 계속성이 중요하다니, 누가 그런 말을 했나. 재미있으면 자유롭게 하면 그만 아니겠나."

이 말에 '회유'로 인한 '지식의 자유로움'의 본질이 깃들어 있다고 나는 생각한다.

– 야마구치 에이이치, 《이노베이션 왜 끊어졌나》

야마나카의 첫 목표는 스포츠 정형외과 의사였다. 하지만 자신에게 맞지 않음을 깨달아 2년 후 전공을 바꾸었다.

2년. 대부분의 사람이라면 좀 짧다고 생각할지도 모른다. 수술이 서툴렀다든지의 여러 소문이 있지만 2년 만에 포기하는 것도 하나의 용기라고 생각한다. 이것이 바로 내가 말하고자 하는 '도망칠 용기'이다.

이후 약리학의 세계로 들어선 그는 다시 좌절했다. 그러나 이때 다음 연구에 연결되는 가설을 얻었다. 좌절하고 도망쳤지만 대가 없이는 도망치지 않았다. 거기서 얻을 수 있는 것은 가능한 한 다 가지고 와 다음 분야에서 그 지식을 살렸다. 분야를 넘어 이동했기 때문에 지식과 경험의 다양성은 증가했고 이것이 곧 독특한 지적 성과의 창출로 이어진 것이다.

만약 이때, '노력에는 보상이 따른다'라든지 '대 끝에서도 삼 년이라'라고 생각하는 사람에게 조언을 구해 전공 이동을 단념했다면 야마나카의 노벨상 수상은 없었을지도 모른다.

새로운 일을 시작할 때 '적어도 3년은 분발해야 한다'라고 자주 말한다. 하지만 야마나카의 사례는 그러한 전제에 강한 의의를 제기한다.

지금 나름대로 열심히 하고 있는데 아무래도 방향이 맞지 않는다는 생각을 지울 수 없다면 한번 곰곰이 생각해보길 바란다. 열심의 문제가 아니라 단순히 '도망칠 용기, 패배하는 기술'이 없기 때문은 아닌지.

쇠퇴하는 아저씨 사회의
핵심 처방전

지금까지 '쇠퇴하는 아저씨 사회'에 대해서 여러 가지 고찰을 거듭해왔다. 여기에 이 책의 중요한 메시지를 정리하려고 한다.

1 : 조직의 리더는 세대교체를 거듭할수록 쇠퇴한다

2 : 연장자는 존중받아 마땅하다는 환상을 버려라

3 : 의견과 이탈을 활용하여 아저씨에게 압력을 가하라

4 : 미의식과 지적 전투력을 높여 유동성을 획득하라

1 : 조직의 리더는 세대교체를 거듭할수록 쇠퇴한다

인재를 일류, 이류, 삼류로 구분할 경우, 출현 확률이 가장 높은 쪽은 삼류이다. 기업을 창업하여 성장시키는 것은 일류밖에 할 수 없지만 조직이 성장해 인원이 증가할수록 채용의 오류나 인재 고갈의 요인으로 삼류 인재가 늘어난다.

이류는 일류를 알아보지만 콤플렉스 때문에 일부러 피하고, 삼류는 일류를 파악하지 못한다. 때문에 한 번이라도 이류가 정상에 서면 이후에는 리더 자리에 일류가 올라갈 가능성은 낮고, 인재의 능력은 세대교체 때마다 삼류의 평균치로 수렴한다. 대기업일수록 리더십의 수준이 낮아지고 있을 확률이 높다.

2018년 6월, 다우지수가 출범한 1896년 이래 현재까지 버텨온 마지막 기업인 GE가 퇴출되어 화제가 되었다. 다우 평균 주가를 구성하는 30개의 기업에는 그 시대 미국 경제를 대표하는 기업이 선택되고 필요에 따라 교체되어 왔다. 하지만 이제 GE를 마지막으로 다우지수 출범 이래 선택되었던 기업들이 모두 사라졌다. 표면에 드러난 현상만 봐도, 100년 이상 대표적인 기업으로 인정받는 것은 불가능하다.

이 메커니즘에 의해 왜 쇠퇴한 아저씨가 조직의 상층부에

눌러앉게 되는지를 이해할 수 있을 것이다.

2 : 연장자는 존중받아 마땅하다는 환상을 버려라

일찍이 인류는 몇 백 년 동안 라이프 스타일이 거의 변하지 않는 세월을 살아왔다. 연장자들이 가지고 있는 과거의 경험이나 지식은 사회나 조직의 존치를 위해 귀중하고 중요한 자료였다. 오래 산 사람들이 존중받는 것은 합리적인 결과였다.

그러나 지금처럼 환경이 빠르게 변화하고 과거의 지식이나 경험이 금세 진부해지는 사회에서는 오래 살았다는 것의 가치가 감소하기 마련이다. 오히려 오래된 지식이 불필요한 자산으로 치부되면 '꼰대' 같은 존재가 되고 만다.

실제로 권력만 쥔 채 제대로 된 지성을 채우지 못한 아저씨들은 이 나라 곳곳에서 삐거덕거리며 불상사를 일으키고 있다. 부하들을 마구 흔들어 그들의 삶을 의미 없이 소모시키기도 한다.

이러한 사회에서 우리는 단지 연장자라는 이유만으로 그들의 모든 것을 무조건 존중할 필요는 없다. 연장자의 의견이나 행동이 나의 판단 기준에 비추어 옳지 않다면 굳이 따르지 않아도 되는 것이다. 오히려 더 적극적으로 공격하고 부정해야 한다.

3 : 의견과 이탈을 활용하여 아저씨에게 압력을 가하라

쇠퇴한 아저씨들이 지금 대량으로 등장하는 가장 큰 이유는 부하로부터의 피드백이 결여됐기 때문이다. 학습을 위해서는 피드백이 중요한데, 그들은 지금까지 제대로 된 피드백을 받지 못했다.

그럼 피드백을 어떻게 제공해야 할까? 바로 의견과 이탈, 이 두 가지를 활용하는 것이다. 의견이란 그들의 생각과 행동이 자신의 기준에서 이상하거나 틀렸다고 생각될 때 그것을 말로써 표현하는 것이다. 이탈은 의견을 통해 상황이 개선되지 않는 경우 그 장소에서 벗어나는 것이다.

의견을 내지도 않고 이탈도 하지 않는다면 그것은 권력자의 언동을 지지한다는 의미이다. 일련의 불상사를 일으킨 기업에 재직하면서 아무 일도 없는 듯 단지 흘러가는 대로 월급만 받고 있다면, 이러한 불상사에 자신도 가담한 것이나 마찬가지이다.

물론 본인으로서는 어쩔 수 없는 사정이 있을 지도 모르지만 그 상태에 안주하는 것은 매우 위험하다. 기간이 오래되면 스스로 쇠퇴한 아저씨로 전락할 것이 틀림없기 때문이다.

4 : 미의식과 지적 전투력을 높여 유동성을 획득하라

쇠퇴한 아저씨가 되지 않기 위해서는 어떻게 해야 할까? 키워드는 '유동성'이다. 언제 어디서나 누구와도 일할 수 있다는 자신감이 의견과 이탈의 활용으로 이어져 권력을 견제하는 압력이 된다.

이 책에서 반복해서 지적한 대로 유동성을 높이기 위해서는 회사 외에서도 통용되는 기술과 회사 밖 열린 네트워크의 확보가 중요하다.

그렇다면 어떻게 이 두 가지를 획득하고 키울 수 있을까? 열쇠는 '양질의 경험'과 '회사 밖에서의 활동'에 있다. 외부에서도 통용되는 기술이나 지식의 획득은 양질의 업무 경험과 코칭에 의해서 이루어진다. 조직원의 입장에서 이 두 가지를 선택할 수는 없겠지만, 가능한 한 양질의 힘든 일을 가능한 한 우수하고 식견이 있는 상사와 하는 것이 기본적인 전략이다.

그 다음 과제의 난이도와 능력이 균형을 이루는지 정기적으로 체크해야 한다. 칙센트미하이의 몰입 이론을 떠올려보자. 사람의 능력은 도전 수준과 기술 수준이 모두 높아 몰입 상태에 들어갔을 때 최대로 발휘될 수 있다.

그러나 아직 많은 사람들이 도전 수준도 낮고 기술 수준도 낮은 '무관심' 상태에서 일을 하고 있다. 장기간 '무관심' 상태에 있으면 능력도 개발하지 못한 채 애초에 도전이 불가능한 상황에 몰리게 되므로 주의할 필요가 있다.

또한 회사 밖에서의 네트워크를 구축하려면 사외 활동량을 늘리는 수밖에 없다. 인맥 넓히기를 목적으로 타 업종 교류회 등에 참석하는 사람도 있지만 효과는 미미하다. 일로 연결되는 인맥은 단지 파티에서 명함을 교환한 정도로는 만들 수 없기 때문이다.

누군가에 대한 믿음은 스트레스가 심한 상황에서 어떤 판단이나 행동을 취하는지를 관찰해야만 생긴다. 극한 상황에서도 옳은 판단이나 행동을 하는 사람이라고 판단되면, 그 사람의 신용 계좌에 새로운 이체가 늘어난다. 그런데 이 '스트레스 받는 상황'은 역시 일을 통해 얻는 것이 가장 빠르고 정확하다.

이것이 내가 타 업종 교류회에 회의적인 이유이다.

아저씨가 빛나지 않는 사회는 좋아질 수 없다

지금까지 '아저씨'에 대해 안 좋은 점만 늘어놓았지만 이제는 그들에게 응원을 보내고 싶다. 왜냐하면 아저씨가 빛나지 않는 사회는 어두울 수밖에 없기 때문이다.

19세기에 활약한 미국 시인 월트 휘트먼Walt Whitman은 다음과 같은 시를 남겼다.

> 자유롭고 힘차고 사랑스러운 젊음이여, 우아함과 열정으로 흘러넘치는 젊음이여, 그대는 노년이 그대 못지않은 우아함과 힘, 열정으로 그대 뒤에 오고 있는 것을 아는가.
>
> – 월트 휘트먼, 〈청춘 낮 노년 그리고 밤〉,

젊음은 확실히 멋지다. 그러나 청춘 이후의 삶이 종말을 향해 그저 하강선을 긋는 것뿐이라면, 애초에 그 청춘도 밝다고 할 수 없지 않을까? 100세 시대에 장년부터 노년에 걸친 시기가 훌륭하지 못하다면 우리의 인생은 매우 암울할 것이다.

인생의 3단계가 빛나야 2단계의 사람들이 그것을 보며 다양한 경험이나 지식의 비료를 긍정적인 마음으로 키울 수 있고, 4단계의 사람들은 편안하게 인생을 되돌아보며 여생을 보낼 수 있다. 그러므로 사회적 차원에서도 아저씨는 반드시 빛나야 한다.

빛을 내기 위한 준비

그러나 지금까지 고찰한 것처럼, 단지 나이를 먹었다는 것만으로 존중받고 권력을 쥐는 시대는 곧 끝난다. 나이를 먹음에 따라 중직을 얻을 수 있고 발언권도 많아지며 경제적 힘도 강해져 나름대로 빛나는 시대는 이제 없다. 최근에 일어나는 불미스러운 일들은 이러한 사회에 대한 아저씨들의 원한이 폭발한 결과라 생각한다.

그럼 아저씨들은 어떻게 하면 빛을 발할 수 있을까. 앞서 말했듯 자신의 인맥, 자본, 지식, 경험을 이용해 후원하는 이른바 서번트 리더십을 발휘하는 것이 하나의 길이 된다.

혹은 다시 공부를 시작하여 자기 자신의 사회적인 위치를 재설정하는 것도 생각해 볼 수 있다. "50세가 넘었는데 공부라니!" 하는 소리가 먼저 나오겠지만 공부에 당연히 제한은 없다. 오늘날 위대한 화가로 인정받는 앙리 루소가 본격적으로 그림을 그리기 시작한 때는 세관 직원을 퇴직한 50세 이후이다. 《나니와 금융도》로 알려진 만화가 아오키 유지는 디자인 회사의 경영직을 내려놓고 45세에 데뷔했다. 거기다 지금은 무언가를 배우려고 생각하면 얼마든지 배울 수 있는 환경이 잘 정비되어 있는 시대이다.

지금까지 우리 인생은 대략 20세 전후까지의 공부를 기초로 60세까지 일하는 모델을 전제로 했다. 그러나 100세 시대에는 많은 사람이 80세까지 일할 것이므로 인생의 어느 지점에서든 다시 공부할 필요가 있다.

무언가를 시작하기에 너무 늦은 때란 없다

무언가를 하고 싶다고 늘 말하면서 결국은 아무것도 시작하지 않는 사람들의 공통점은 바로 '너무 늦었다'라는 변명이다. 그렇게 자신을 위로하는 것이겠지만, 100세 시대는 앞으로 2배 길게 산다는 것이니 무언가를 시작하기에 늦은 때란 결코 없다.

에도시대의 국학자 모토오리 노리나가는 본업인 의사로 활동하면서 독학도 계속한 인물이다. 그가 제자의 부탁으로 적어준 '배움의 마음가짐'에 관한 메모에 다음과 같은 구절이 있다.

그렇기 때문에 재능이 모자라다거나 배움의 시기가 늦었다거나 바쁘다며 학문을 멈춰서는 안 된다. 열심히만 한다면 할 수 있다고 생각하는 것이 좋다.

– 모토오리 노리나가本居宣長,《우히야마부미》

'자신에게 재능이 없기 때문이라든가, 지금 배우기엔 늦었다든가, 시간이 없기 때문이라는 이유로 배우는 것을 멈추면 안 된다. 어쨌든 계속 하다 보면 어떻게든 된다'라는 의미일까?

모토오리 노리나가의 이 충고를 읽고 이해하지 못하는 50, 60대는 없을 것이다. 누구나 배움의 중요성은 알고 있지만 어딘가로 도망치고 싶은 충동이 있기 때문이다.

그러나 이 책에서 지금까지 몇 번이나 확인한 대로, 우리는 지금부터 '제2의 공부 시기'를 당연히 여기는 세계를 살게 된다. 학생 때 배우고 취업을 하고 나면 더 이상 공부하지 않던 모델, 즉 '배우다'와 '일하다'가 연장선에 존재하는 것이 지금까지의 일반적인 인생 모델이었지만 앞으로는 '배우다'와 '일하다'가 나란히 움직이는 인생 모델이 주류가 될 것이다.

그리고 배움이란 본질적으로 젊음을 유지하는 비결이다. 무엇에든 호기심을 보이고 새로운 것을 탐욕스럽게 배우려는 사람은 평생 늙지 않는 법이다.

나이가 든다고 해서 늙는 것이 아니다. '아저씨'란 호기심을 잃고 겸허함도 잃고 새로운 것에 놀라며 계속 배우겠다는 자세마저 잃어버린 사람을 말하는 것이다.

쇠퇴한 아저씨 사회에 필요한 가장 간단하고 중요한 처방전은 우리 한 사람 한 사람이 겸허한 마음으로 새로운 모든 일을 적극적으로 배우는 것을 멈추지 않는 것이다.

이 책 첫머리에 기록한 새뮤얼 울만의 시 〈청춘〉을 다시 읽으며 마무리하겠다.

청춘이란 인생은 특정 시기를 말하는 것이 아니라 마음의 상태를 말한다.
뛰어난 창조력, 강한 의지, 불타는 열정, 두려움을 물리치는 용기, 안이함을 뿌리치는 모험심, 이것을 청춘이라 부른다.
나이를 먹는 것만으로 인간은 늙지 않는다. 이상을 잃었을 때 비로소 사람은 늙는다.

– 사무엘 울만, 〈청춘〉

지은이 야마구치 슈

1970년 일본 도쿄 출생. 게이오 대학교 철학과를 졸업하고 동 대학원 미학미술사 석사과정을 수료했다. 일본 최대 광고 회사 덴쓰(電通)를 시작으로 보스턴컨설팅그룹(Boston Consulting Group)과 AT 커니(A.T. Kearney)를 거쳐 조직 개발, 혁신, 인재 육성, 리더십 분야의 전문 컨설턴트로 자리매김했다. 현재는 조직 개발, 인재 육성을 전문으로 하는 콘페리헤이그룹(Korn Ferry Hay Group)의 시니어 파트너이자 히토쓰바시 대학교 경영관리연구과 겸임 교수로 일하고 있다. 그의 전문 분야는 혁신과 조직 개발, 인재 및 리더십 육성이며 '인문과학과 경영과학의 교차점'을 테마로 활동 중이다. 게이오 고등학교 재학 시절 수업에는 대부분 출석하지 않고 주로 미술관이나 영화관, 도서관에서 시간을 보냈기에 출석 일수가 부족한 학생이었다고 한다.

주요 도서로는 국내 베스트셀러 종합 1위에 오른 바 있는 『철학은 어떻게 삶의 무기가 되는가』를 비롯하여 『세계의 리더들은 왜 직감을 단련하는가』, 『상위 1%에 다가가고 싶다면 20대에 잔업하지 마라』, 『읽는 대로 일이 된다: 비즈니스맨을 위한 특별한 독서법』, 『그들은 어떻게 지적 성과를 내는가』 등이 있다.

쇠퇴하는 아저씨 사회의 처방전

1판 1쇄 인쇄 | 2019년 4월 25일
1판 1쇄 발행 | 2019년 4월 30일

지은이 야마구치 슈
옮긴이 이연희
펴낸이 김기옥

경제경영팀장 모민원
경제경영팀 변호이, 김광현
커뮤니케이션 플래너 박진모
경영지원 고광현, 임민진
제작 김형식

본문디자인 제이알컴 **표지디자인** 어나더페이퍼
인쇄·제본 민언프린텍

펴낸곳 한스미디어(한즈미디어(주))
주소 121-839 서울시 마포구 양화로 11길 13(서교동, 강원빌딩 5층)
전화 02-707-0337 | **팩스** 02-707-0198 | **홈페이지** www.hansmedia.com
출판신고번호 제 313-2003-227호 | **신고일자** 2003년 6월 25일

ISBN 979-11-6007-358-4 03100